Paris.—Imprimerie de L. Martinet, rue Mignon, 2.

LETTRES

SUR LES

ÉVÉNEMENTS POLITIQUES ET MILITAIRES

CONTEMPORAINS,

PAR

Le Commandant FERDINAND DURAND.

EXTRAIT DU SPECTATEUR MILITAIRE.

PARIS

CH. TANÉRA, ÉDITEUR

LIBRAIRIE POUR L'ART MILITAIRE, LES SCIENCES ET LES ARTS

QUAI DES AUGUSTINS, 27.

1854.

LETTRES

SUR LES

ÉVÉNEMENTS POLITIQUES ET MILITAIRES

CONTEMPORAINS.

Paris, 1er janvier 1854.

L'histoire ne se coupe pas facilement. On ne peut commencer à date fixe, à jour dit, le récit des événements qui forment l'histoire d'une nation , et à plus forte raison celle du monde ; car dans un tel récit, où tant de faits s'offrent en même temps à la pensée, se succèdent avec tant de rapidité , tout se tient , tout s'enchaîne ; le passé se lie intimement au présent et le présent à l'avenir : c'est hier, aujourd'hui et demain. Tel incident sans importance apparente , oublié depuis longtemps, est souvent la cause première de mouvements politiques et militaires de la plus haute gravité ; il faut donc, en parlant des faits actuels, remonter à cet incident. Tel autre, au contraire, qui s'accomplit sous nos yeux avec bruit, avec éclat, n'est qu'un feu follet, qu'un météore éphémère qui ne laissera aucune trace de son passage ; celui-ci , il faut glisser légèrement dessus et ne lui accorder qu'un instant d'attention.

Pour bien comprendre les événements contemporains, pour les apprécier à leur juste valeur, pour en déduire toutes les conséquences , pour en pressentir les résultats, il serait donc nécessaire de remonter vers le passé, de lui demander des enseignements, de faire une sorte d'exposition de l'origine et de la marche historique des nations actuelles, de les conduire à travers les temps jusqu'à nous. Il serait possible , sans doute, de resserrer dans un cadre étroit les milliers d'années qu'embrasse la vie connue de l'espèce humaine, de réduire ces prolégomènes de l'histoire générale à un petit nombre de pages, en ne présentant qu'une courte esquisse des grands événements politiques et militaires ; mais ce serait trop long encore : les idées et les faits marchent si vite de nos jours ; ils se développent, se multiplient et se suivent avec une telle promptitude ; ils offrent des péripéties si variées, si inattendues quelquefois, qu'on n'a pas une minute à perdre si l'on veut analyser ces idées et décrire ces faits avec soin.

Nous remettrons donc à d'autres temps la publication d'une introduction à l'étude de l'histoire du XIXe siècle , et nous aborderons immédiatement les événements contemporains , nous contentant , avant

de lever le rideau , avant de commencer le récit du
drame qui se déroule devant nous avec tant de gravité et tant de fracas , de tracer un très court prolo-
gue pour faire connaître suffisamment l'état actuel
des choses, les acteurs et le lieu de la scène.

I

La situation politique et militaire du monde est loin
d'être calme. Aux tempêtes passées, à peine apaisées,
succèdent de nouvelles tempêtes. A tout moment et
de toutes parts surgissent, souvent sans motifs anté-
rieurs suffisants, des causes de guerres internationales,
de luttes intestines ; partout il y a trouble, agitation,
défiance, crainte ; le monde, l'Europe et l'Asie surtout,
semblent être à la veille d'une conflagration générale.

Au moment où nous écrivons ces premières lignes,
l'Europe et l'Asie sont en armes ou se préparent aux
combats ; le canon a déjà retenti, le sang a coulé ; la
guerre déploie sur plusieurs points de l'ancien continent ses imposantes horreurs ; de nombreuses armées
se menacent et se heurtent chaque jour sur les bords
du Danube, au pied du Caucase ; des flottes considérables parcourent les mers, et des combats acharnés
ont ensanglanté les eaux du vieil Euxin. Plus loin, vers
l'Orient, la Perse, gagnée à la cause russe, lève, dit-on,
des armées pour servir d'auxiliaire à sa trop ambitieuse protectrice ; plus loin encore, au delà de la
Caspienne et de l'Aral, le long de l'Oxus, des armées
russes marchent silencieusement sur la Khivie, ayant

pour but définitif d'atteindre, à travers la Boukharie, l'Afghanistan et le Lahore, ce riche empire anglais des Indes, éternel sujet de convoitise pour les conquérants ; plus loin encore, l'empire des Birmans se repose à peine de ses derniers combats contre l'Angleterre. Vers l'extrême Orient, en Chine, cette vaste et populeuse contrée, si longtemps calme, si longtemps fermée au reste du monde, mais où la Grande-Bretagne étend aujourd'hui sa puissante main, en Chine, la guerre civile a succédé à la guerre étrangère : deux partis se disputent le trône du Céleste Empire.

En Afrique, où dominent encore, en grande partie du moins, des races demi-barbares ou complétement sauvages, la civilisation a dû se servir de la guerre pour pénétrer sur ce continent, pour y introduire ses lumières, ses bienfaits. Ce n'est que par la force que les nations européennes ont pu initier les peuplades africaines aux douces mœurs de nos climats, qu'elles ont pu graduellement les faire renoncer à leurs habitudes féroces. Quand il s'agit d'accomplir une aussi belle mission, d'atteindre un tel but, alors la guerre est utile, elle est louable ; mais, en Europe, quel bien peut sortir de la guerre ?

L'Amérique est plus calme, l'Amérique du nord surtout. La guerre est à peu près exilée des États-Unis. Cet empire nouveau-né où la civilisation déploie si rapidement, si majestueusement ses merveilles, où des prospérités inouïes, inconnues jusqu'alors, naissent chaque jour et couvrent le sol ; cet empire, inculte et presque désert il y a un siècle, est aujourd'hui

plus riche et aussi puissant que l'Europe. Celui-là ,
c'est par l'industrie et par le commerce qu'il s'est
élevé à ce haut degré de splendeur ; les guerres n'ont
été que des cas exceptionnels dans la vie de cet État.

Il n'en est pas ainsi, malheureusement, de l'Amérique du sud ; là aussi , comme en Europe , existent
des haines, des divisions, des ambitions qui jettent la
perturbation , l'anarchie et la guerre sur ces magnifiques contrées. Les nations européennes qui se sont
implantées sur les indigènes n'ont pas su encore s'asseoir sur ce riche sol et jouir en paix du bonheur que
Dieu étale avec tant de profusion à leurs pieds. Les
faibles États qui se sont fondés dans l'Amérique du
sud, à peine peuplés et très clair-semés sur un immense espace, sur une terre à nourrir des cents millions d'hommes, ces faibles États se querellent, se
battent, se disputent le sol comme si le sol leur manquait pour vivre. Partout, sur ces beaux climats, ce
sont des guerres d'État à État, ou des guerres civiles
avec toutes leurs horreurs.

L'Océanie, cette partie du monde divisée en innombrables parcelles, s'ouvre aussi, mais plus lentement,
aux efforts de la civilisation. Malgré les colonisations
de l'Angleterre, de la Hollande, de l'Espagne et de la
France, elle est encore plongée en grande partie dans
sa primitive sauvagerie. Là, comme en Afrique, les
nations avancées ne peuvent faire entrer les races in-
fimes de ces contrées dans la grande communion humaine, qu'en déployant devant elles tout l'appareil
de leur puissance, de leur supériorité, qu'en em-

ployant la force quelquefois. Nous aurons donc encore
ici à décrire quelques faits militaires, quelques combats entre les races supérieures conquérantes et les
races inférieures destinées à la soumission.

Quand cesseront toutes ces guerres qui, n'importe
par quel motif, troublent et dévastent si souvent la
terre ? Quand l'espèce humaine marchera-t-elle, pacifiquement unie, vers les belles et heureuses destinées
que Dieu semble lui promettre pour l'avenir ? Ces
guerres, ces discordes seraient-elles donc une des
conditions éternelles de la vie de l'humanité ? Non,
assurément non ; ce serait blasphémer l'Être suprême que de lui attribuer une telle pensée. D'où
peuvent donc naître ces nombreuses causes de guerres
qui éclatent sans cesse au milieu des nations les plus
civilisées ? Nous laissons ici de côté les peuples barbares chez qui l'esprit de lutte domine encore.

Depuis qu'une civilisation avancée a étendu ses
bienfaits sur plusieurs points du globe, sur l'Europe
et sur l'Amérique du nord en particulier, le désir
de maintenir la paix entre les nations s'est manifesté de plus en plus. Aujourd'hui c'est plus qu'un
désir, c'est un besoin ardent, c'est une volonté fermement exprimée par les gouvernements et par les
peuples. Toutes les nations avancées veulent la paix
en elles et autour d'elles, car la paix c'est richesse et
bien-être ; toutes appellent de leurs vœux les plus ardents une union de plus en plus intime avec les nations étrangères ; car sur cette union se développe-
raient rapidement et se mêleraient des intérêts qui

assureraient à jamais la paix. Déjà les fréquentes relations commerciales, les liaisons scientifiques et littéraires ont depuis longtemps adouci, presque éteint sur beaucoup de points les antipathies de races, les haines religieuses, les inimitiés politiques. Toutes ces nations, si on les laissait obéir à leurs sentiments naturels, à leurs penchants, seraient disposées non à se faire la guerre, mais à se serrer affectueusement la main, à faire entre elles un amical échange de leurs produits. Dans le sein de chaque nation, où naguère encore éclataient de vives collisions, où les castes, les sectes et les partis se heurtaient avec violence, il semble que ces mauvaises passions se calment, que l'union grandit chaque jour devant le rapide développement de la raison publique.

D'où peuvent donc naître les graves symptômes de guerres internationales, de révolutions intestines qui surgissent et éclatent chaque jour autour de nous ? Si l'on écoute le langage officiel des cabinets, si on lit les notes et les protocoles des congrès, des conférences diplomatiques qui, presque chaque matin, remplissent les colonnes des journaux, tous les gouvernements veulent la paix entre les nations, l'union et le bonheur dans chaque nation.

Ainsi, dans leurs actes publics, dans leurs paroles officielles, les gouvernements assurent qu'ils veulent la paix ; tous, à les entendre du moins, veulent travailler avec calme, avec ardeur au développement des prospérités des peuples ; tous repoussent la guerre comme le plus grand fléau de l'humanité. En face de ces actes, de ces paroles si profondément empreints de désirs de paix, les tendances des nations se montrent aussi bien visiblement dirigées vers les travaux de la paix. Chacune d'elles, dans le cercle d'action que lui a tracé sa nature, son caractère, son sol, cherche à améliorer sa position, à augmenter son bien-être. Comment se fait-il, devant les protestations pacifiques des cabinets, devant les tendances très pacifiques des nations, que ces nations soient encore aujourd'hui entraînées sur les champs de bataille ?

Évidemment il y a contradiction quelque part entre la pensée et la parole, entre les actes écrits et les faits. Cette contradiction, bien certainement, ne vient pas des nations ; elle vient donc des gouvernements. Lequel ou lesquels peuvent ainsi jouer avec la paix du monde, avec le bonheur des hommes ? Quelles hautes considérations morales ou politiques peuvent pousser un ou plusieurs souverains à détourner ainsi les nations de la voie de la civilisation où la Providence les conduit, où elle leur montre à chaque pas une amélioration morale, intellectuelle ou physique, pour les jeter dans la voie des combats, c'est-à-dire dans une route qui, sillonnée par le meurtre, l'incendie, les destructions de toute espèce, les douleurs, les misères et les épidémies, conduit les nations à la décadence et à la barbarie ?

Si l'ambition est le moteur de ces souverains ; si le désir d'agrandir leurs États, d'ajouter des peuples aux peuples qu'ils gouvernent déjà, est l'unique motif de leur conduite, en vérité, ces souverains méritent

d'être blâmés, d'être arrêtés dans leurs projets par
les souverains qui comprennent mieux leurs devoirs.
Mais de quel droit troublent-ils ainsi la paix de l'Europe, de l'Asie? N'existe-t-il donc pas, parmi les nations civilisées, une charte commune, un acte qui
établisse l'état politique de tous et de chacun? La
position des nations, leur existence, leurs droits
ne peuvent être abandonnés au caprice d'un ambitieux, aux velléités querelleuses d'un traîneur de
sabre.

Il existe en effet un traité qui établit la position politique des nations de l'Europe. Mais ce traité, par
lequel les souverains réunis ont cru, dans un temps
encore peu éloigné de nous, constituer à jamais l'Europe, n'a rien fondé de bien, de durable; examinons
pourquoi et comment.

II

Lorsque la France, victorieuse pendant vingt-cinq
ans, entra enfin, à la suite du grand désastre causé
par l'hiver de 1812, dans la phase des revers; quand,
en 1815, elle succomba glorieusement sous les coups
de l'Europe levée contre elle, les souverains des
grandes puissances se déclarèrent, de par Dieu,
chargés du soin de protéger la religion, la morale et
la justice, de faire régner l'ordre et la paix parmi les
nations, de réprimer partout toute idée de guerre et
de conquête, toute tentative d'agrandissement territorial par les armes. Les traités où furent consignés

ces grands et généreux principes sont ceux de Vienne. L'aréopage couronné qui traça cet acte solennel , ces souverains unis dans l'admirable but de rendre la paix au monde se décorèrent du nom de *Sainte-Alliance*.

Malgré les sourdes plaintes de quelques nationalités froissées ou déchirées par ces traités, la situation fut généralement acceptée en silence. Les peuples espéraient qu'une longue paix les dédommagerait des imperfections politiques de cet acte. La France , calme et fière dans son malheur , s'inclina devant cette volonté exprimée au nom de l'Europe, et remit son épée au fourreau. Depuis, la France s'est noblement soumise à ses destinées. Elle a renoncé à la guerre , aux conquêtes ; elle a clos sans plaintes amères la plus belle page de sa vie, et, sans hésiter, elle a cherché un nouvel emploi à son activité , une nouvelle route pour son intelligence ; elle a reporté vers les sciences, les arts et l'industrie cette vive ardeur, cette haute capacité qu'elle dépensait avec tant de profusion sur les champs de bataille.

Dans cette voie nouvelle , la France ne tarda pas à reprendre le premier rang parmi les nations. Le monde, cette fois, accepta d'un commun accord cette suprématie. La France ne la devait plus à l'épée , mais aux grands et généreux sentiments qu'elle montrait dans toutes ses relations avec les autres nations ; elle le devait à sa supériorité scientifique et littéraire, à l'éclat et au bon goût de ses productions artistiques, enfin à son caractère franc , facile , aimant, à cet ensemble de qualités qui fait de la France la nation sympathique par excellence, la nation aimée de toutes les nations.

En se soumettant ainsi aux traités de 1815, en observant religieusement, depuis cette époque néfaste, la foi jurée dans cet acte de réorganisation politique, de l'Europe, dans cet acte si contraire cependant à ses intérêts, à sa puissance, et qui dut si profondément blesser sa fierté, la France était au moins en droit d'exiger des autres gouvernements le même respect pour ces traités ; car ces gouvernements les avaient rédigés eux-mêmes, en haine de la France, en vue de l'affaiblir, de la réduire au rang de puissance du second ordre, et cela après en avoir fait sortir pour eux tous les avantages territoriaux, commerciaux et financiers possibles, après s'être fait la part du lion.

Les grands gouvernements de l'Europe, rédacteurs des traités de 1815, créateurs de cette Sainte-Alliance qui devait à jamais introniser sur la terre la justice, la paix, le respect des droits des nations, ces gouvernements ont-ils au moins respecté leur œuvre, ont-ils été, comme la France, fidèles à leurs serments, ont-ils fait honneur à leur signature? Non. Tous, plus ou moins, tous les États puissants ont ébréché, raturé, déchiré diverses parties de ces traités si solennellement signés au nom de Dieu et en face de toutes les nations de la terre. Comme ces traités n'avaient pas constitué l'Europe de manière à donner satisfaction entière aux sentiments et aux besoins des nations, plusieurs de ces nations, imitant les souverains, profitèrent des circonstances, et se levèrent aussi pour protester contre ces traités et pour en déchirer quelques parcelles.

Dix fois, depuis 1815, les diplomates de la Sainte-Alliance ont été forcés de se réunir pour défendre leur œuvre menacée par les nations insurgées ; les congrès de Carlsbad, de Troppau, de Leybach, de Vérone, les longues conférences de Londres, etc., n'ont eu pour but que d'étayer les traités de Vienne, que d'étouffer l'esprit d'indépendance qui menaçait de les détruire et de remettre en question la constitution politique de l'Europe.

Mais pénétrons plus avant dans l'examen des causes de la situation actuelle, jetons un coup d'œil rétrospectif sur l'histoire, afin de nous éclairer sur les principales questions politiques et militaires débattues devant nous sur les divers points du globe. Commençons par l'Europe, où se concentrent aujourd'hui encore les principes les plus avancés de la raison humaine, où brillent les plus beaux, les plus utiles résultats de la civilisation, mais où règnent aussi de trop nombreux préjugés politiques et sociaux.

III

Les nations barbares qui vinrent successivement, dans les premiers siècles de l'ère chrétienne, s'implanter sur les ruines du monde romain, y jeter les fondements des États modernes, furent soumises, pendant plusieurs siècles, en grande partie du moins,

à des gouvernements purement féodaux ; ce système
est trop connu pour que nous ayons besoin de l'expliquer. Les rois n'étaient alors que des chefs militaires
élus par les autres chefs pour obtenir l'unité de commandement indispensable en guerre ; ils n'étaient que
les premiers seigneurs entre les seigneurs qui régnaient sur les peuples conquis, soumis au servage.
Au sein de ces milliers de petites souverainetés s'élevaient çà et là quelques villes à peu près libres, sous
le nom de communes, quelques petites républiques.
Les rois, presque sans autorité au milieu de leurs
trop puissants barons, paralysés dans leurs volontés
gouvernementales par des résistances de tous les instants, cherchèrent bientôt à s'élever au-dessus de
cette féodalité et à la dominer.

Dans cette lutte, qui dura plusieurs siècles, les rois
s'appuyèrent sur les habitants des villes à communes,
sur la bourgeoisie, classe intermédiaire entre les nobles et les serfs, qui, enrichie par le commerce et
l'industrie, put fournir aux souverains des milices et
de l'argent pour combattre la féodalité.

En France, cette lutte longue et désastreuse, continuée sous chaque règne avec plus ou moins d'ardeur, très avancée par Louis XIII et Louis XIV, ne
fut vraiment terminée qu'en 1789. Aujourd'hui, nous
ne voyons autour de nous que l'ombre de cette féodalité. En Angleterre, le régime féodal existe encore en
principe, mais il est tellement modifié par les institutions qui régissent ce puissant État, par l'esprit éclairé
qui préside à son gouvernement, que l'existence de

l'aristocratie anglaise est restée en harmonie avec la royauté et la nation. En Allemagne, bien qu'affaibli, depuis le traité de Westphalie, en 1648, par la constitution des grandes monarchies, et par les modifications politiques que les guerres ont amenées de 1792 à 1815, le système féodal est encore vivant dans la Confédération germanique. En Russie, quoique combattue avec vigueur par tous les souverains, depuis Pierre Ier, la féodalité exista dans presque toute sa force jusqu'aux traités de 1815. Le czar put alors, devenu omnipotent, dominer et réduire la puissance des boyards, sans cependant leur enlever leurs priviléges féodaux.

Les guerres intestines des nouveaux États qui se fondaient en Europe n'empêchaient pas les souverains de se faire entre eux de longues et désastreuses guerres. C'est au milieu de cette double lutte, dont les moteurs principaux étaient l'ambition du pouvoir, le désir d'étendre le territoire soumis, c'est au milieu de ce long et sanglant désordre, de ce choc tumultueux des passions et des intérêts, que sont nés, du ve au xviie siècle, tous les États de l'Europe moderne ; c'est après douze cents ans de guerres presque continuelles, après de nombreuses péripéties politiques et militaires, créations, agrandissements, morcellements, décadence et destructions d'État, que l'Europe est arrivée enfin, en 1648, à une constitution, non pas normale, il s'en fallait de beaucoup encore, mais à un système politique reconnu du mutuel consentement des États, et officiellement constaté par les traités de Westphalie et des Pyrénées ; c'est seulement à partir de cette époque que l'Europe fut régulièrement constituée, et qu'il s'établit une sorte de solidarité entre les États pour la garantie mutuelle de leurs droits et de l'intégrité de leurs États.

Le système monarchique qui règne aujourd'hui sur la plus grande partie de l'Europe, peut donc dater, non sa naissance, mais sa constitution réelle, dès traités de Westphalie et des Pyrénées. Ce sont ces traités qui ont fondé ce fameux équilibre européen, cette base soi-disant éternelle de la politique internationale, base si souvent battue en brèche depuis, si souvent sur le point de s'écrouler sous le choc des idées ou des faits, et que la diplomatie eut tant de peine à rasseoir après les guerres de 1792 à 1815.

Pendant que les monarchies absolues s'élevaient sur le système féodal, les nations s'éclairaient ; l'horizon intellectuel s'élargissait chaque jour devant elles. Pendant que les rois et les seigneurs songeaient à guerroyer, à se disputer le sol et l'autorité, entraînent leurs vassaux sur les champs de bataille ; pendant que l'industrie et le commerce enrichissaient la bourgeoisie, quelques savants cherchaient, dans le silence du cabinet, les lois morales et politiques qui doivent, selon la raison et la justice, présider à la vie des sociétés, qui doivent régler les relations des hommes entre eux. Les travaux intellectuels des trois derniers siècles ont été surtout remarquables sous ce rapport. La révolution française, en 1789, en fut le résultat.

Malheureusement, ce fut au milieu des plus affreuses aberrations de l'esprit humain, que la France proclama le nouveau Code des nations. C'est du sommet d'un sanglant Sinaï, entourés d'éclairs et de tonnerres, que les Moïses de la Convention voulurent donner au monde leurs tables de la loi. Les nations étrangères auraient peut-être volontiers accepté les grands et beaux principes émis par la Constituante, mais les excès de la Convention les effrayèrent, et leurs gouvernements, profitant avec empressement de cette répulsion soulevée par les actes odieux de la Terreur, se hâtèrent de lever des armées et d'attaquer une révolution qui menaçait leurs droits et leurs priviléges, oubliant complétement et cachant avec soin à leurs sujets, qu'au-dessous de ces excès révolutionnaires, qui servaient de prétexte à leur attaque, il restait des principes immortels que tous les peuples de la terre adopteraient un jour.

Jusqu'à cette grande époque, la souveraineté de droit divin, la subjection des peuples, sauf de rares exceptions, formaient les bases du Code des nations; le traité de Westphalie réglait encore, à quelques modifications près, la politique générale. Le traité de 1648 avait fondé l'équilibre européen, style de cabinet, c'est-à-dire avait partagé les peuples et les contrées, selon le bon plaisir des hautes parties contractantes, des monarques qui régnaient alors, et nullement selon les convenances des nationalités, selon les règles indiquées par la géographie.

La révolution française arracha la souveraineté de

droit divin de la main des rois et en replaça la source
au sein des nations. Elle déchira le traité de Westphalie et travailla avec ardeur, avec héroïsme, à reconstituer les nationalités européennes selon les lois
naturelles qui doivent présider à la formation des
groupes humains. Napoléon, la glorieuse épée de la
Révolution, coopéra admirablement à cette grande
œuvre, mais il ne put l'achever ; il ébranla rudement
les vieilles monarchies ; laboura profondément le
terrain des préjugés de castes et de priviléges ; il y
sema abondamment, lui et ses preux, les idées françaises, mais ces travaux du conquérant réformateur
attirèrent sur lui la haine des vieilles royautés, et au
nom même de cette liberté politique proclamée par
la France, liberté qu'ils promirent à leurs sujets, ces
rois les entraînèrent contre la France, qui, après une
guerre de dix contre un , et d'un quart de siècle,
succomba enfin sous le nombre.

Les chefs de la coalition, radieux de cette victoire
inattendue, si longtemps poursuivie, si chèrement
achetée, crurent, en terrassant ainsi le héros de la
France, avoir écrasé avec lui la Révolution française
et tous les grands principes nés d'elle. Ce fut avec
cette persuasion au cœur, qu'ils se rassemblèrent à
Vienne pour reconstituer l'Europe. Pleins de confiance en leur génie, en leur prudence, ce fut au milieu des bals et des festins, des intrigues de boudoir
et des causeries légères des salons, que les graves diplomates de 1815 procédèrent à l'accomplissement
de leur haute et difficile mission.

Les monarques de la Sainte-Alliance, les habiles du Congrès, songèrent-ils, dans leurs conférences, aux promesses de libertés politiques qui avaient été faites aux nations au moment du danger, en 1813, quand on voulut exciter leur haine contre la France, quand on voulut les pousser contre elle? Il n'en fut même pas question. Songèrent-ils au moins, dans le rétablissement de leur équilibre européen, ce *hobby horse* de la vieille diplomatie, à consulter les grands intérêts des nations, les nécessités géographiques, les affinités physiologiques des races et des familles qu'ils rassemblaient sous le même sceptre? Pas le moins du monde. Ils attelèrent ensemble, au même joug, les natures les plus contraires, les éléments nationaux les plus hétérogènes; ils crurent avoir ainsi fondé un monument durable, éternel, et ils se félicitèrent à la face du monde de la grandeur, de la beauté de leur œuvre.

La réorganisation des États européens, en 1815, si l'on peut appeler ainsi ce bizarre recrépiment politique, eut pour base le principe du droit divin. La pensée personnelle des grands monarques y domina si complétement, y froissa tant d'intérêts, que cette œuvre ne pouvait durer. Tout y fut immolé au bon plaisir des quatre puissances directrices, tout, jusqu'aux convenances géographiques. Nous ne parlons pas des convenances nationales ; elles furent sacrifiées sans pitié, quand elles se trouvèrent en opposition avec la pensée qui présidait à ce nouveau partage des peuples.

Le but capital de cet acte fut de réduire la puissance politique et militaire de la France, qu'on n'osa partager, malgré la bonne envie qu'on en avait, de la mettre à jamais hors d'état de ressaisir cette prépondérance européenne, devant laquelle tous les rois avaient dû s'incliner et fléchir. Pour atteindre ce but, on entoura la France d'une sorte de camisole de force, parsemée de places de guerre et de forteresses, qu'on enleva à l'ancienne France, ou qu'on éleva avec les millions qu'on lui arracha. Pour donner le plus grand degré de résistance possible à cette première enveloppe, on forma autour d'elle une ceinture de royaumes, découpés en longues bandelettes, dont un petit côté touchait à la frontière française, tandis que l'autre s'appuyait solidement sur un des trois grands États.

La Hollande, appuyée sur la Prusse, s'allongea sous le nom de royaume des Pays-Bas, au moyen de la Belgique, du Luxembourg et de deux villes françaises, Philippeville et Marienbourg, jusqu'à notre frontière du Nord, sur laquelle elle pesa lourdement. L'Angleterre, en se montrant si généreuse à nos dépens, voulait dédommager ce pays de la colonie du Cap et de Ceylan, qu'elle lui prenait. La Prusse, qui touche par l'est à la Russie, reçut une large part dans ce remaniement politique de l'Europe. On lui donna la moitié de la Saxe, qui fut ainsi punie de son dévouement à la France, à Napoléon ; on lui donna une partie de la Westphalie, les anciens duchés de Clèves, Berg et Juliers, sur le Rhin, les

Cercles de la rive gauche, et notre vieille ville de Sarrelouis. Ainsi agrandie de ces lambeaux de territoire, auxquels on ajouta encore la principauté de Neufchâtel, unissant sous les mêmes lois des Slaves, des Polonais, des Suédois, des Allemands, des Suisses et des Français, la Prusse pénétra comme un coin au sein de la France, et devint, de Tilsitt à Sarrelouis, la grande voie militaire de la Russie. La Bavière, dont on voulait faire aussi une solide barrière contre l'esprit de conquête de la France, reçut le Palatinat du Rhin, la principauté de Deux-Ponts, le territoire et la place de Landau. Le Wurtemberg, agrandi et érigé en royaume par Napoléon, ingrat en 1813, fut chargé d'appuyer le grand-duché de Bade, dont la Sainte-Alliance doutait. La Suisse, divisée en vingt-deux cantons, fut soumise par un traité aux intérêts de la Sainte-Alliance, et mise sous la surveillance de l'Autriche, qui l'enserra directement par le Tyrol et la Lombardie, indirectement par le grand-duché de Bade, la Bavière et le Wurtemberg, ses satellites alors.

La maison royale de Savoie, réduite par les guerres de l'Empire à la possession de l'île de Sardaigne, reprit le Piémont. On y ajouta la Savoie, qui appartient à la France sous tous les rapports physiques et ethnographiques ; on lui donna aussi Gênes, le comté de Nice, tout Français, le Montferrat, la province d'Alexandrie, et quelques petits territoires voisins. Enfin on érigea tous ces lambeaux de terre sans unité en royaume, et on le chargea de défendre le passage des Alpes, sous la direction de l'Autriche.

Cette dernière monarchie, l'âme de la Sainte-Alliance, dont la Russie était le bras, recouvra, dans ce grand partage de l'Europe, les palatinats de Galicie, quelques territoires sur l'Inn, le Tyrol et la Lombardie; elle se donna généreusement la république de Venise, les provinces Illyriennes, et, par réversibilité, après les princes régnants, les duchés de Toscane, Modène et Massa; puis resserra de son mieux les liens qui retenaient sous son sceptre tant d'États de nature hétérogène, la Hongrie et la Bohême surtout, les plus beaux fleurons de sa couronne. L'Autriche se chargea en outre de surveiller et d'occuper au besoin le reste de l'Italie, où se manifestaient quelques principes contraires à l'esprit des trois grands cabinets.

La Pologne avait conservé jusque-là un reste de vie et d'espérance. La chute de l'Empire français devait entraîner sa ruine complète. Cependant, les trois États co-partageants voulurent se donner une apparence de générosité envers cette malheureuse nation, ou mieux l'empereur de Russie, car c'était à son profit qu'Alexandre rendait à la Pologne une sorte d'existence politique. Dans les trois partages, le czar s'était adjugé les plus grosses et les meilleures parts de la Pologne, comme le lion de la fable. Pour accomplir la généreuse pensée de résurrection d'un royaume de Pologne, il reprit à la Prusse les palatinats polonais qu'elle avait reçus de cette spoliation; le grand-duché de Posen lui fut laissé pour qu'elle ne criât pas trop. Avec ces palatinats et ce qui était échu à la Russie, le czar forma le nouveau royaume de Pologne.

Ce fut avec peine qu'Alexandre obtint des autres souverains du congrès cette seconde couronne, qui lui faisait faire un pas immense vers l'Allemagne et menaçait ses libertés. L'Angleterre, la Prusse et l'Autriche s'y opposèrent pendant toute la durée du congrès ; ce ne fut qu'au moment de la campagne de 1815, pour empêcher la désunion entre des souverains, pour calmer les Polonais et tâcher de les rallier à leur cause, qu'ils accédèrent à la volonté de l'autocrate.

Une parcelle de l'ancienne Pologne restait en litige, le territoire de Cracovie. Chacune des trois puissances limitrophes le désirait ; aucune ne voulait l'abandonner à son voisin. Les plénipotentiaires du congrès de Vienne n'ayant pu s'entendre à ce sujet, il fut décidé que Cracovie, constituée en république, resterait indépendante sous la protection des trois grands États. Quelle indépendance !

Il y eut encore d'autres remaniements d'États, dans lesquels la Russie ne s'oublia pas. Les frontières de la Suède, du côté de la Finlande, étaient trop près de Saint-Pétersbourg. La Russie avait plusieurs fois déjà écorné cette province ; elle la voulut tout entière cette fois. Elle prit aussi un coin de la Bothnie. Il est vrai qu'elle dédommagea la Suède en lui donnant, d'accord avec les trois autres puissances, la Norwége, qu'elle enleva au Danemark pour le punir de son alliance avec l'Empire français. Le congrès s'occupa aussi de reconstituer la Confédération germanique sur des bases tudesques, et de purger son esprit des idées françaises dont elle s'était imprégnée pendant dix ans. Une diète siégeant à Francfort, composée de burgraves pur-sang, fut chargée, sous l'autorité des trois grandes puissances, de gouverner cette Confédé ration.

L'Angleterre, le banquier de la coalition, qui avait joué un des grands rôles dans ce drame politique et militaire de vingt ans, l'Angleterre ne s'oublia pas, après la victoire, dans le partage du butin. Elle s'adjugea l'Hindoustan tout entier ; elle prit le Cap et Ceylan à la Hollande, l'île de France, Sainte-Lucie et Tabago à la France ; elle garda toutes les positions militaires ou commerciales qu'elle sait si bien choisir et prendre sur tous les points du globe ; elle reprit enfin le Hanovre, pour avoir pied sur le continent.

Pour terminer ce grand travail de reconstruction politique, pour rétablir complétement leur équilibre européen, les diplomates se crurent forcés, malgré certains désirs secrets, de garantir l'intégrité de l'empire ottoman, tel qu'il existait au moment du traité ; mais, dans cette solennelle reconnaissance du fait, la Russie, qui depuis 1672 mord et ronge cette belle proie, qui venait en dernier lieu d'absorber (en 1812) la Bessarabie et la Géorgie, se réserva des droits d'intervention et de protection sur les principautés danubiennes. On sait ce que signifient ces mots dans la langue diplomatique de la Russie.

Tels furent les résultats du congrès de Vienne. Un tel état de choses, où tant de nationalités étaient déchirées, comprimées, pouvait-il durer? Était-ce là une reconstruction normale de l'Europe? Non, évidemment non. En effet, très peu d'années après l'achèvement de l'œuvre politique de la Sainte-Alliance, l'édifice, construit pour l'éternité, disait-elle, craquait de toutes parts, se lézardait sur les points les plus importants; à chaque instant il fallait le soutenir, l'étayer, en reconstruire quelque partie.

IV

Nous ne voulons pas donner ici l'historique de tous les faits qui sont successivement venus prouver, de 1815 à 1850, combien dans ses actes le congrès de Vienne avait peu compris le véritable esprit de l'Europe, les besoins des nations; ce serait bien long; mais, sans entrer dans aucun récit, vingt insurrections, dont plusieurs sont devenues de véritables révolutions, ne sont-elles pas venues successivement protester contre les traités de 1815? La révolution de 1830 est-elle autre chose au fond qu'un haut et solennel manifeste contre la position que ces traités faisaient à la France? Toutes les nations n'ont-elles pas applaudi avec frénésie à ce grand mouvement? Un souffle de la France eût alors suffi pour renverser l'œuvre de la Sainte-Alliance. Il n'était pas encore temps, nous dit-on; les nations n'étaient pas assez mûres pour se reconstituer avec calme sur de nouvelles bases, et la France resta, mais agitée, frémissante, sous l'empire de ces traités.

Cependant, quelques pierres se détachèrent alors de l'édifice; il fut ébranlé jusque dans ses fondements. La Belgique, l'Allemagne, la Pologne, l'Italie, la Grèce, les contrées slaves, électrisées par les trois journées de Paris, se levèrent presque ensemble pour imiter la France. On sait comment ces tentatives isolées se terminèrent; l'heure n'était pas venue encore de déchirer complétement les traités de 1815. Quelques mailles du réseau politique dont la Sainte-Alliance avait couvert l'Europe furent cependant brisées; un coin de la Grèce avait déjà reconquis son indépendance; la Belgique reprit aussi sa liberté, grâce à l'appui de la France; mais ce fut tout. La Pologne était trop loin de nous; elle fut terrassée. L'Italie resta morcelée sous la surveillance de l'Autriche; les trente-neuf États de l'Allemagne continuèrent de rêver à leur union, et la France fut plus que jamais l'objet des défiances et des sourdes hostilités de l'aréopage couronné.

Depuis les événements de 1830, malgré quelque s rapprochements apparents, malgré quelques traités de commerce, la France a été dans cette position de presque isolement politique à l'égard des souverains signataires des traités de 1815, sauf l'Angleterre, qui parut se rapprocher franchement de nous. Mais ce rapprochement des deux plus grandes puissance militaires et maritimes de l'Europe ne pouvait s'ac -

corder avec les desseins de la Russie. Il fallait à tout prix rompre l'accord qui régnait, de plus en plus intime , entre l'Angleterre et la France. La question d'Orient était , en 1840 comme aujourd'hui , une pomme de discorde jetée au milieu des gouvernements européens. La Russie s'en fit fort habilement , il faut l'avouer , un instrument pour brouiller complétement la France et l'Angleterre. La question se débattait alors entre la Turquie et l'Égypte. La Russie défendait alors à grand bruit les droits sacrés du sultan contre un vassal révolté ; la Russie voulait, en 1840, conserver intégralement cet empire ottoman qu'elle envahit aujourd'hui sans raison. La France soutenait le pacha d'Égypte. On connaît le résultat des intrigues Brunow , le traité de la Quadruple-Alliance , signé le 15 juillet 1840 , à l'exclusion complète de la France.

Depuis ce temps, et malgré les efforts de la Russie, l'Angleterre et la France se sont rapprochées, se sont cordialement donné , en plusieurs circonstances , des témoignages publics d'estime et de sympathie , au grand chagrin de l'autocrate. Ainsi, en 1848, quand, à la suite d'une nouvelle révolution de la France , l'Europe de 1815 fut ébranlée une seconde fois , et beaucoup plus profondément qu'en 1830, les grands potentats du continent parurent décidés à étouffer enfin ce constant foyer de désordres, à subjuguer ce pays dont la puissance morale sur l'Europe est si grande qu'il sait agiter et électriser les nations au moindre geste. Mais, en 1848, le gouvernement et le

peuple anglais restèrent avec la France, et les souverains , d'ailleurs fort occupés chez eux , durent remettre à d'autres temps l'exécution des projets peu
bienveillants qu'ils ont contre la France.

Ces derniers mouvements des nations de l'Europe,
nés de la commotion française de 1848 , ne sont-ils
pas, du reste, une nouvelle et éclatante preuve que
ces nations ne se trouvent pas bien constituées? Des
quarante et quelques États qui se partagent l'Europe,
quatre seulement sont restés calmes au milieu du tumulte général : l'Angleterre, la Suède , la Hollande
et la Belgique, et, ce qui est fort remarquable, c'est
que ce sont, sans contredit, les quatre nations les plus
sagement, les plus libéralement gouvernées qui ont
donné au monde ce grand et bel exemple.

Est-il donc possible de croire que, si les peuples
européens étaient divisés en groupes homogènes, si
leurs affinités morales et physiques étaient respectées,
si toutes les conditions de droit et de justice étaient
remplies à leur égard, est-il possible de croire que
ces nations songeraient alors à se lever contre leurs
gouvernements? Non ; elles resteraient calmes comme
les quatre États que nous avons cités ; elles s'occu-
peraient, comme eux, de cultiver et d'embellir leur
sol , de perfectionner leur industrie, d'étendre leur
commerce , de répandre l'instruction et le bien-être
sur tous leurs concitoyens.

Nous le répétons, la situation des États de l'Europe
n'est pas normale ; il n'y a pas harmonie entre toutes
les parties qui les composent. De là ces insurrections,

ces guerres intestines qui désolent l'Europe, qui entravent d'une manière si funeste le développement de la civilisation. Aussi, malgré la force gouvernementale qui maintient les peuples dans le cercle d'action où la politique générale les a renfermés, il se fait parmi eux un remarquable travail de décomposition et de recomposition. Malgré les frontières que les traités ont tracées, certaines familles humaines divisées tendent à se rapprocher, à s'unir. Cette évolution physiologique est surtout visible dans les familles germaines et slaves.

La Russie, toujours habile à profiter de tout ce qui peut servir à l'agrandissement de sa puissance, n'a pas laissé passer inaperçue cette tendance de la race slave à se constituer en nation. Partout où vivent des parcelles slaves, la Russie s'est posée en protectrice, partout elle leur a offert aide et secours. C'est à l'aide de ce moyen, appuyé sur la confraternité religieuse, qu'elle a si rapidement et si puissamment étendu son influence sur les principautés danubiennes, sur la Servie, sur la Grèce ; c'est en parlant à l'âme et aux intérêts nationaux de ces populations, en leur montrant dans l'avenir la création d'un grand empire gréco-slave élevé sur les ruines de l'empire ottoman, sur une partie de l'Autriche et de l'Allemagne même, sur toutes les contrées enfin où vivent les Slaves, que la Russie atteindra son but., la domination de l'Europe, si l'on n'y prend garde.

La question d'Orient, soulevée de nouveau à propos d'un futile prétexte, est une rentrée en scène que s'est

ménagée la Russie. Le temps lui tardait d'agir largement sur la race slave, d'augmenter son influence
sur elle, d'atteindre enfin Constantinople, dont elle
veut faire la capitale du nouvel empire.

Ainsi, la cause première, nous ne voulons pas
parler des causes secondaires inhérentes au mode intérieur de gouvernement des États, la cause capitale
de tous les conflits, de toutes les guerres internationales ou intestines qui ont eu lieu en Europe depuis
1815, tient aux traités de Vienne, à l'esprit qui a
présidé à leur rédaction et, plus tard, à leur exécution. Or, comme on ne guérit le mal qu'en détruisant
la cause, si les efforts actuels de la diplomatie sont
vraiment sincères, si les grands cabinets européens
veulent, de cœur, rendre la paix au monde, il faut
remonter aux traités de 1815, les refaire sur des bases
plus en harmonie avec l'esprit et les besoins des nations, les refaire complétement. Tous ces replâtrages
partiels, essayés vingt fois, tous ces congrès, ces
conférences, ces déluges de protocoles et de notes,
qu'échangent entre eux, le plus sérieusement du
monde, au moindre orage politique, les fortes têtes
de la diplomatie ; ces mille et un verbiages ou grif-
fonnages n'ont pu amener un état de paix durable,
un accord parfait entre les gouvernements, un calme
assuré parmi les nations. Jusqu'à présent, l'intervention de la diplomatie n'a guère servi qu'à masquer
plus ou moins adroitement les desseins secrets des
grandes puissances, qu'à dissimuler leurs désirs d'a-
grandissement, qu'à gagner du temps enfin, comme

le fait aujourd'hui le cabinet de Saint-Pétersbourg.

Certainement, quels que soient les vices actuels de la diplomatie, son intervention dans les différends internationaux, quand elle empêche ou qu'elle arrête l'effusion du sang, vaut mieux encore que la guerre. Mais est-il possible, quand on réfléchit un instant, de comprendre le rôle que joue depuis huit mois la diplomatie dans la question d'Orient telle qu'elle est posée aujourd'hui ? C'est bien difficile, quand on veut rester convaincu que ces messieurs de la conférence de Vienne y mettent de la bonne foi.

V

La question politique, militaire et commerciale posée en ce moment devant les nations sous le nom de *question d'Orient*, est une des plus graves, des plus intéressantes qui aient jamais occupé le monde. Ne s'agit-il, en effet, dans cette question, que d'une simple querelle entre la Russie et la Turquie, soulevée d'abord à propos des lieux saints, pour un motif de prééminence ou d'égalité religieuse entre les catholiques latins et les grecs au sépulcre du Christ, suivie d'une demande impérativement posée par le czar, chef de la religion grecque, d'un droit de protection, ou, plus véritablement, de suzeraineté sur tous les sujets de l'empire turc appartenant au culte grec ? Non ; la question d'Orient est beaucoup plus étendue ; elle touche aux plus grands intérêts de l'Europe, de l'Asie, de tout le vieux continent enfin, de l'Afrique même, car elle regarde au plus haut degré et directement les nations qui bordent la Méditerranée, la mer Noire, et, par ricochet, tous les peuples de l'ancien monde.

Tous les hommes instruits connaissent la naissance obscure, les difficiles commencements, et enfin, près de nous, le rapide développement de l'empire moscovite. S'il date de 862, vingt fois sur le point de périr depuis, il ne prit vraiment d'importance qu'au xviie siècle, à l'avénement des Romanow, et surtout depuis 1682, depuis Pierre le Grand. Avant ce prince, la Russie ne s'était mêlée en rien aux affaires de l'Europe. Tout le monde a lu le testament politique que Pierre Ier, czar de Russie, laissa en 1725 à ses successeurs, et sait comment ils ont exécuté les dernières volontés de ce grand homme. Sous le premier Romanow, en 1613, la Russie, faible et déchirée, était sur le point d'être soumise par les armes des Suédois et des Polonais ; aujourd'hui, l'empire russe s'étend sur plus de la moitié de l'Europe et sur le tiers de l'Asie. Nous ne parlons pas du neuvième de l'Amérique du nord qu'il possède. Eh bien, cette immense étendue de territoire, que couvrent près de 80,000,000 d'âmes, ne suffit pas à l'autocrate : il lui faut plus encore ; il veut maintenant le Bosphore et Constantinople, car cette possession doit le conduire à la suzeraineté de l'Europe entière dans un temps prochain, et plus tard à celle de l'Asie.

Tel est le dernier mot de la question d'Orient, dont la diplomatie européenne cherche, depuis tant d'années déjà, la solution pacifique, et qu'elle ne peut trouver dans le cercle étroit où elle renferme aujourd'hui sa discussion.

Quand, le 28 février 1853, le czar adressa quelques réclamations au sultan, à propos de la position de ses coreligionnaires aux lieux saints ; quand, le 19 avril, après quelques notes échangées, l'ambassadeur russe, l'impérieux prince Menschikoff, demanda au Divan un traité qui garantît les libertés et priviléges de l'église grecque, qui donnât à l'autocrate russe le droit de protection sur les sujets de l'empire ottoman qui pratiquaient le culte grec, c'est-à-dire sur plus de 10,000,000 d'habitants des 12,000,000 que gouverne le sultan en Europe, évidemment l'empereur s'attendait à un refus ; il voulait un refus, afin d'avoir aux yeux du monde un prétexte, sinon vraiment sérieux, au moins suffisant en apparence, de déclarer la guerre à la Turquie.

Cette intention est prouvée par les nombreux préparatifs de guerre que faisait depuis longtemps le czar sur plusieurs points de l'empire. Il voulait frapper sans retard, il voulait continuer sur l'empire ottoman, sans perdre un instant, ce système d'envahissements successifs qui lui a si bien réussi déjà sur tous les États qui touchent ses vastes frontières : sur la Suède, sur la malheureuse Pologne, sur la Prusse par reprise, sur la Turquie pour la dixième fois, sur la Perse, sur la Tatarie par la Khivie.

Certes, nous ne blâmons pas l'ambition quand elle a une noble raison d'être, quand elle doit avoir des

résultats utiles pour les peuples. Le gouvernement de
Saint-Pétersbourg, par exemple, est très louable en
plusieurs choses ; il cherche à tirer les Russes de la
barbarie où ils touchent presque encore ; il emprunte
à grands frais à la civilisation tout ce qu'il croit ap-
plicable au pays. Chaque jour il introduit de notables
améliorations sur les vastes contrées soumises à son
autorité. Mais l'autocrate, dans son ardent désir
d'augmenter sans cesse la puissance de son empire,
voudrait lui donner les plus riches et les plus beaux
pays de la terre. Il veut aujourd'hui la Turquie
d'Europe, il veut faire une troisième capitale de Constantinople.

En face d'une intention de guerre et de conquête
aussi visible, quoique très pieusement gazée sous un
motif de protection religieuse pour l'Église grecque,
les autres États de l'Europe, pas plus que l'Empire
ottoman, ne pouvaient se tromper ni être trompés
sur les véritables intentions du czar, sur sa volonté
bien arrêtée de faire reprendre à la Russie sa marche
vers Constantinople, cette marche commencée il y a
deux siècles. Le czar veut, comme pape de la religion
grecque, qu'il pose comme le christianisme orthodoxe, que son étendard remplace sur la flèche de
Sainte-Sophie, sur l'église du premier Empereur
chrétien, le drapeau de Mahomet ; il veut plus encore
pour l'avenir, il veut que Constantinople devienne
un jour, entre les mains de la Russie, la métropole
de l'ancien monde, rôle que lui destine peut-être, en

effet, son admirable position géographique et politique.

Qu'avait à faire la diplomatie dans une aussi grave,
aussi solennelle circonstance, quand l'envahissement
d'une partie de l'empire ottoman avait immédiatement suivi l'ultimatum de l'autocrate, quand ses armées s'avançaient jusqu'au Danube? Une seule démarche, un seul acte : une injonction polie, mais
formelle, faite d'un commun accord par toutes les
puissances européennes au cabinet de Saint-Pétersbourg d'évacuer d'abord les principautés, et de s'en
remettre, pour juger le différend soulevé entre la
Porte et lui, à la décision d'un congrès européen. Un
refus eût été considéré par les gouvernements de
l'Europe comme une déclaration de guerre. Mais il
fallait en même temps laisser entrevoir à la Russie
que le congrès, allant au fond de la question, donnerait satisfaction aux justes droits que cet empire avait
à la libre communication de la mer Noire, par les
détroits, avec la Méditerranée. La Russie veut, dit-
elle, la clef de sa maison. Cette clef, c'est le Bosphore, la Propontide et l'Hellespont ; mais la Russie
ne peut prétendre à posséder seule cette clef ; elle ne
peut raisonnablement exiger que sa jouissance, commune avec les autres nations.

Croit-on que devant un tel accord et devant ces
promesses, l'autocrate eût osé refuser? Non. L'audace russe ne va pas jusqu'à braver l'Europe au grand
jour. Le cabinet de Saint-Pétersbourg s'y prend

beaucoup plus adroitement pour arriver à son but. Il
divise pour régner ; il sème la défiance et la désunion
partout autour de lui ; ou bien il attire à lui, il gagne
par tous les moyens de séduction dont il peut disposer,
et il en possède de nombreux, d'irrésistibles, il gagne
à ses intérêts les gouvernants ; ses agents couvrent
l'Europe et l'Asie, se glissent, directement ou indirectement, dans les conseils des rois, dans tous les lieux
où se préparent et se décident les affaires publiques.
Les faits ne manquent pas pour prouver cette secrète
intervention de la Russie dans le mécanisme gouver-
nemental des autres États du vieux monde.

C'est à l'aide de ces moyens, admis du reste dans
la politique des gouvernements qui se croient les plus
vertueux, que le czar, sûr que les puissances ne seront
jamais toutes d'accord pour l'arrêter, qu'il en aura
toujours deux avec lui comme neutres ou alliées,
marche hardiment au fait, sans se préoccuper autrement de conférences où son esprit préside souvent, de
notes qu'il dicte presque toujours. La Russie fait
de la diplomatie pour avoir le temps de prendre
toutes les précautions nécessaires au succès de ses
entreprises militaires ; mais la diplomatie, quoi qu'elle
fasse, ne change rien à ses projets. L'histoire militaire de la Russie, depuis un siècle, n'est qu'une
longue suite de faits semblables. C'est surtout depuis
1815 que l'influence de la Russie sur les affaires de
l'Europe et de l'Asie a pris un immense développement ; ce sont les traités de Vienne, de Chaumont et
de Paris qui lui ont donné cette suprématie politique

et militaire sous laquelle sont déjà courbés quelques États du centre de l'Europe, devant laquelle l'auto-crate voudrait que tous, la France et l'Angleterre même, s'inclinassent aussi avec respect.

C'est donc surtout aux traités de 1815 qu'il faut s'en prendre de l'état actuel de l'Europe, et en par-tie de l'état du monde ; c'est sur eux qu'il faut appeler l'attention de tous les hommes d'État qui veulent la paix et le bonheur des nations ; c'est sur cette œuvre imparfaite, bâtie avec les matériaux d'un autre âge, que la diplomatie doit porter la coignée de la réforme ; c'est sur cette base, débarrassée des débris des temps passés qu'elle doit élever la nou-velle arche d'alliance des nations ; c'est avec l'esprit du xix⁰ siècle. et non avec celui du xvii⁰, qu'elle doit rédiger la constitution générale du monde. Jusqu'à ce jour la diplomatie ne semble pas avoir compris toute la grandeur, toute la sainteté de sa mission. N'est-il pas temps qu'elle songe à ce qu'elle pourrait pour la véritable gloire des souverains, pour le bon-heur des peuples ?

La diplomatie devrait être définie : la science de l'harmonie entre les États. Ainsi comprise, ainsi ap-pliquée aux affaires du monde, la diplomatie serait bientôt la plus belle, la plus élevée, la plus aimée des sciences humaines. En partant de ce point, le but constant de ses pensées, de ses actes, serait de con-stituer les nations de manière à établir entre elles les rapports les plus pacifiques, à donner à chacune d'elles les moyens les plus sûrs de développer leurs facultés morales, intellectuelles et physiques. La diplomatie deviendrait alors la grande directrice du progrès, le guide de la civilisation ; elle serait bénie de toutes les nations.

Dans une prochaine lettre, nous entrerons dans le récit et dans l'appréciation des derniers événements politiques et militaires qui troublent l'Europe et l'Asie, qui compromettent si gravement la paix du monde.

2e LETTRE.

Paris, 15 février 1854.

I

Les grandes commotions politiques ou sociales n'éclatent jamais spontanément : il y a toujours des symptômes précurseurs plus ou moins visibles. Les maladies des nations peuvent être comparées à celles des individus : un malaise à peine sensible, quelques douleurs sourdes disent longtemps à l'avance l'altération des organes, le dérangement des fonctions vitales. Dans les cas même où la vie paraît être brisée tout à coup, comme par un coup de foudre, il y a eu pour l'observateur des signes sur lesquels il a pu, par induction, prévoir le funeste dénoûment.

4

Plusieurs années avant l'explosion de 1789 , avant 1814, avant 1830, longtemps avant la révolution de 1848, les esprits éclairés, les hommes qui savent observer, prévoyaient les événements graves, très graves qui ont agité la France et remué l'Europe. Il en est de même du conflit actuel , de cette agression inouïe, injuste, sans motif, qui vient troubler aujourd'hui la paix du monde. Il y a de longues années déjà que les hommes politiques annonçaient que la question d'Orient était grosse d'immenses tempêtes , et qu'une guerre générale, que des révolutions nationales pourraient bien en sortir. Ces hommes ne se sont pas trompés. Oui , nous touchons à une lutte immense, à une sorte de cataclysme où tous les sentiments, toutes les passions , tous les intérêts qui agitent aujourd'hui le monde, gouvernements, nations, individus, vont tous se heurter et tourbillonner.

Que sortira-t-il de ce choc tumultueux ? Qui sera vainqueur dans cette grande mêlée où va se jouer l'avenir de l'Europe et de l'Asie ? L'étude attentive de ces symptômes dont nous parlions tout à l'heure, en nous conduisant à la connaissance des causes de la maladie actuelle de l'Europe , nous permettra peut-être, à l'aide du système des probabilités , d'arriver à un pronostic rationnel.

Nous avons dit, dans notre lettre précédente , que les traités de 1815 , loin d'avoir constitué l'Europe d'une manière normale , à la satisfaction de tous , gouvernements et nations, avaient blessé vivement de légitimes sentiments nationaux et profondément froissé de nombreux intérêts. Les gouvernements de la Russie,

de l'Autriche et de la Prusse ont pu seuls être satisfaits de cette œuvre politique, satisfaits d'autant plus
qu'elle ne fermait nullement pour eux certaines éventualités d'agrandissements territoriaux ; qu'elle les
préparait bien plutôt, en leur donnant une véritable
suprématie sur les autres nations continentales et une
grande influence sur leur existence. La Russie, bien
entendu, dans ce partage de l'omnipotence européenne, prit le premier rôle ; l'Autriche et la Prusse
se contentèrent du second. Ces deux États devinrent
les hommes-liges de l'autocrate.

Depuis quarante ans, ces fidèles planètes de l'astre
du Nord ne se sont pas écartées un seul instant de lui.
Obéissant sans aucunes variations à sa force d'attrac-
tion, ils l'ont suivi dans toutes ses évolutions, mesu-
rant exactement leur orbe sur le grand orbe qu'il
décrit, et roulant autour de lui, sans oser même,
comme les corps célestes de notre système solaire,
s'écarter un peu du plan de l'écliptique, se per-
mettre quelques légères oscillations sur leurs pôles.

C'est à l'aide de ces deux grands vassaux que, depuis un siècle, le gouvernement russe a complétement
tué la Pologne ; qu'il a étendu progressivement son
influence, sa suprématie sur toutes les nations secondaires de l'Allemagne, sur la Confédération germanique, sur l'Italie, sur les Péninsules danoise et scan-
dinave. Tel est, en résumé, le résultat de son action
sur l'Europe occidentale depuis 1815.

Au midi, la marche de la Russie n'a pas été moins
rapide, moins sûre, moins adroite. Ses envahisse-

ments successifs sur la Turquie, sur la Perse et sur la Tatarie, entrepris souvent sous les plus futiles prétextes, se sont accomplis sans que les grands États de l'Occident parussent en prendre le moindre souci. Ils ont, avec une insouciance vraiment inconcevable, laissé l'autocrate marcher tranquillement à son but ; ils ont regardé faire ; ils ont assisté en spectateurs entièrement désintéressés au démembrement de l'empire ottoman, qu'ils disaient si nécessaire à l'équilibre européen. Ce n'est qu'aujourd'hui, en 1854, quand la conquête est aux trois quarts accomplie, que les gouvernements de l'Occident s'émeuvent enfin et se décident à arrêter la marche du conquérant.

Mais n'est-il pas bien tard déjà ? Cette intervention, qui n'eût coûté, sans doute, au commencement de cette marche militaire, que des paroles très fermes des quatre grandes puissances européennes, que des notes diplomatiques précises, absolues, va peut-être entraîner l'Europe dans une suite de longues et sanglantes guerres dont nul ne peut calculer ni la durée ni les conséquences. Mais les quatre grandes puissances n'étaient pas d'accord, la France et l'Angleterre seules ont voulu arrêter le czar ; l'Autriche et la Prusse ont hésité. Il était cependant facile, dès lors, de deviner que la Russie avait un plan d'envahissement nettement tracé sur l'Occident, par la Pologne, la Suède, et plus tard sur la Prusse et l'Autriche, ses bonnes amies jusque-là, — qu'elles y prennent garde ; sur le Midi, par la Turquie et la Perse ; sur l'Orient, par le Turkestan, l'Afghanistan, l'Inde et la Chine. Tel est, on n'en peut plus douter aujourd'hui, le gigantesque dessein du czar de toutes les Russies.

Suivons la marche de la Russie, rapidement, sans réflexions, sans songer à tracer une histoire, mais seulement une courte esquisse, pour arriver aux événements actuels et en apprécier la partie politique et militaire.

II

Les vastes contrées situées à l'orient de la Germanie, désignées par les anciens géographes sous les noms de *Sarmatie* et de *Scythie*, n'étaient que très vaguement connues au commencement de notre ère. Habitées, ou plutôt parcourues dans tous les sens par un grand nombre de peuplades nomades, menant une vie à peu près sauvage, on savait à peine quels noms et quelle origine donner à ces peuples. Ce ne fut qu'après les grandes invasions asiatiques des six premiers siècles qu'on obtint quelques renseignements plus précis sur l'Europe orientale.

Les plus anciens habitants de ces contrées sont les Finois, appartenant évidemment à la race jaune ou mongole ; puis vinrent successivement les Scandinaves et les Slaves, issus de la race blanche. Du troisième au huitième siècle, la Sarmatie fut traversée, envahie ou possédée temporairement par plusieurs peuples venus de l'Asie, par les Goths, les Huns, les Alaïns, les Bulgares, les Khazares, etc. ; mais ils furent tour à tour vaincus et chassés par les Slaves, plus

anciens habitants du pays , qui déjà avaient fondé
quelques établissements , quelques petits États , les
républiques de Novogorod, de Kiev, etc., qui datent
du Ve siècle.

Au commencement du IXe siècle , les peuples de
l'Europe orientale s'étaient divisés selon leur origine :
les Scandinaves au nord , les Slaves au centre et au
midi , les Tatars à l'est. Les débris des Finois, incessamment repoussés par les derniers venus, s'étaient
réfugiés vers l'extrême nord , au fond du golfe de
Finlande , sur les rivages de la mer Blanche et de
l'océan Glacial arctique. Ce fut alors, vers le milieu
de ce siècle, que la tribu guerrière des Varègues scandinaves, pirates des bords de la Baltique, pénétra au
milieu des Slaves. La république slave de Novogorod,
que les Finois attaquaient au nord, les avait appelés à son
secours ; mais elle ne put ensuite se débarrasser d'eux.
Quelques années après , d'autres Varègues , conduits
par Rurik et ses deux frères, venus sur les traces de
leurs compatriotes, s'emparaient de Novogorod, de
Kiev, et fondaient d'autres petits États dans les environs. Ces contrées prirent dès lors le nom de *Rous-
shaïa Zemlia* (terre russienne), nom qui s'étendit successivement à toutes les conquêtes des Varègues. Ces
petits États se multiplièrent et s'étendirent rapidement ; mais, sans cesse divisés entre les fils des princes
régnants , ils n'offrirent longtemps aucune unité , et
furent souvent le théâtre de luttes intestines, de guerres
civiles, chacun des copartageants, mécontent de son
lot, cherchant à s'agrandir aux dépens de l'héritage

voisin. Au xᵉ siècle, les possessions de la famille des
Rurik formaient onze petits États dont Kiev était la
capitale, la métropole, séjour du grand prince autour
duquel se ralliaient les autres princes de la dynastie
dans les moments difficiles, dans les dangers nationaux ou dans les grandes entreprises militaires.

Ce fut sous Vladimir Iᵉʳ, en 998, que le christianisme fut apporté en Russie : c'était l'époque où commençait le schisme qui le divise encore aujourd'hui
en deux grandes communions, grecque et latine. La
Russie fut initiée au rite grec, qu'elle prétend être
le seul orthodoxe et dont elle veut faire le catholicisme
par excellence.

Vladimir, que l'histoire de Russie honore du titre
de Grand, ayant réuni dans ses mains la plus grande
partie de l'héritage paternel, constitua l'unité nationale, put étendre ses conquêtes et créer des relations
politiques ou commerciales avec des peuples éloignés.
Les armes ou les agents russes touchèrent dès cette
époque à la Baltique, à la mer Noire et au Volga.
Mais cette première prospérité fut très éphémère : le
partage de l'empire entre les douze fils de Vladimir
lui ôta toute sa force et le fit retomber dans les dissensions intérieures; puis vinrent les invasions des Tatars,
du xiᵉ au xiiiᵉ siècle, qui mirent en danger l'existence
même de la Russie et réduisirent la majeure partie des
douze États qui le composaient à l'état de tributaires.
Le Khanat de Kaptchak, ou Horde d'Or, fondé par
les Tatars mongols, en 1224, ébranla surtout la puissance russe ; Moscou, qui datait de 1147, resta seul

indépendant et devint la capitale des Russes, le séjour du grand prince.

Le joug des Tatars pesa de tout son poids sur la Russie jusqu'au milieu du xiv° siècle. Il y eut alors quelques tentatives de soulèvement ; elles furent étouffées d'abord, mais l'empire de la Horde d'Or s'étant divisé en plusieurs khanats, celui des Nogaïs, de Crimée, d'Astrakhan, de Kaptchak proprement dit et de Kasan, les Russes purent les attaquer successivement et avec des avantages marqués, les opposant quelquefois les uns aux autres. Ivan III, qui monta sur le trône de Moscou en 1462, contribua surtout à la délivrance de la Russie, en détruisant ou soumettant trois de ces khanats ; mais Ivan, qui reconstitua l'unité russe en faisant disparaître les petits États qui la morcelaient, qui rendit quelque lustre à son pays et l'agrandit de plusieurs conquêtes, Ivan III ternit la gloire de son règne par une longue suite d'affreuses cruautés que rien ne peut excuser. La postérité ne peut lui laisser le nom de *Grand*, que lui ont donné quelques courtisans.

Vasili IV, qui le premier prit le titre d'*autocrate*, continua l'œuvre de reconstruction de l'Empire de 1505 à 1533, lutta contre les Tatars de Kasan et de Crimée, et ajouta quelques provinces à la Russie. Sous la minorité de son successeur, Ivan IV, les grands essayèrent de reprendre leur influence, de se partager de nouveau le sol en principautés indépendantes. Sa mère, régente, soutint bravement la lutte et maintint l'unité de l'État jusqu'à la majorité du czar. Ivan IV

accrut de beaucoup la puissance de la Russie ; mais,
dans toutes les guerres qu'il fit aux Suédois, aux Chevaliers teutons, aux Polonais et aux Tatars, il se montra, vainqueur ou vaincu, d'une cruauté peu digne d'un
homme. Il fut toujours, envers ses ennemis comme
envers ses sujets, sans cœur, sans pitié, et mérita largement l'épithète de *Terrible*, qu'on a accolée à son
nom. Ivan IV, qui prit, en 1547, le titre de Czar ou
Tzar, dérivé de César, étendit les frontières de la
Russie au cours du Volga et se rendit maître d'Astrakhan, alors le centre du commerce de l'Europe avec
la Khivie, la Boukharie, la Perse et l'Inde ; mais il
tenta en vain d'enlever la Livonie aux Suédois : cette
province si désirée retourna à la Pologne par la paix
signée, en 1560, entre Ivan et cette puissance.

Ainsi posé sur la Caspienne, Ivan chercha aussitôt
de nouvelles routes à l'est et au sud. Des agents choisis
pénétrèrent, sous prétexte de nouer des relations commerciales, chez les khans de la Tartarie ; d'autres
longèrent les côtes de la Caspienne, pénétrèrent en
Perse et dans la Turquie d'Asie, étudièrent avec
attention ces contrées afin d'en préparer l'invasion.
Mais les Russes, fort ignorants encore en géographie,
ne recueillirent par eux-mêmes que des renseignements fort incertains : ce fut à des étrangers, à des
Anglais qu'ils durent les premières notions à peu près
exactes sur la Caspienne, l'Aral et les vastes steppes
de la Tatarie.

Les républiques slaves de Novogorod et de Viatka
avaient eu des relations commerciales avec la Sibérie

dès le xiv⁰ siècle ; ces contrées étaient restées à peu près inconnues aux Moscovites. Ivan IV voulu^t en faire la conquête. Dès 1570 il envoya des agents, puis quelques troupes ; enfin, en 1580, une armée russe y pénétra, sous le commandement du chef de Cosaques Iermak, et s'avança jusqu'à Isker ou Sibir, sur l'Irtyche, capitale d'un khanat tatare fondé vers 1243, qui donna plus tard son nom à toute la Sibérie. Ivan voulut entrer en même temps en relations avec les Kirghiz, ou mieux Kaïsaks (hommes de cheval, ou guerriers), hordes nomades qui habitent les steppes à l'est du fleuve Oural, entre la mer Caspienne et le lac Aral, puis encore au delà, jusqu'au centre du Turkestan. Mais leurs khans, conseillés par le khan de Sibir, déjà à moitié vaincu par les Russes, refusèrent de contracter aucun traité de commerce ou d'alliance avec le czar de Moscou, et donnèrent au contraire des secours au khan de Sibir. Cette prudente détermination ne fit que reculer leur assujettissement.

Le successeur d'Ivan IV, Fedor Ier, en qui s'éteignit la race des Rurik, monta sur le trône de Moscou en 1584, et mourut empoisonné par son beau-frère Godunow, en 1598, sans avoir rien fait de saillant. Boris Godunow ou Godounoff, Tatar d'origine, qui avait déjà empoisonné, en 1592, le frère de Fedor Ier, nommé Dmitri, régna au milieu des troubles, à l'aide de moyens habiles mais cruels, jusqu'en 1605, où il reçut, par la peine du talion, le juste châtiment de ses crimes. Son fils Fedor II, qui essaya de régner, fut presque aussitôt renversé par un faux Dmitri, le moine Gregoire Otrepieff, qui régna quelque temps.

Otrepieff fut détrôné par un descendant de Vladimir le Grand, Vasili Chouiski, qui fut élu czar par le peuple. Vasili V eut bientôt à combattre d'autres faux Dmitri. Aidé par la Suède, il résista quelque temps ; attaqué inopinément par la Pologne, en 1609, il fut battu, fait prisonnier, et emmené à Varsovie, où il mourut. Après lui, la Russie fut en proie à l'anarchie. Plusieurs prétendants se disputèrent le trône. Un parti puissant appela Vladislas, fils du roi de Pologne ; mais après avoir lutté, de 1610 à 1613, contre les partis rivaux, il y renonça. C'est alors que les boyards, voulant un czar indigène, songèrent aux Romanov.

Cette famille, qui régna pendant un siècle et demi, de 1613 à 1762, sur la Russie, descend d'un frère de la czarine Anastasie Ire, femme d'Ivan IV, nommé Nikita Romanovitch. Un des cinq fils de Nikita, Fedor, devenu moine près d'Arkhangel, sous le nom de Filoret, fut nommé par le faux Dmitri, l'usurpateur Otrepieff, métropolitain de Moscou, et acquit beaucoup d'influence sur les boyards. Après le renversement d'Otrepieff, en 1613, les boyards assemblés à Moscou, gagnés par le métropolitain Filoret, ou Fedor Nikititch, élurent son fils Michel.

Les commencements du règne de Michel Romanov furent difficiles. Il eut à combattre les prétentions au trône de Russie des rois de Pologne et de Suède. Il fut même forcé de céder quelques provinces à ces deux puissances. Par le traité de paix de Stolbova, conclu avec le Suède en 1617, il lui donnait l'Ingrie et la Carélie. Par la trêve de quatorze ans consentie en 1618 avec la Pologne, il cédait à celle-ci les duchés de Smolensk, de Sévérie et de Tschernigov, cession confirmée, en 1634, par le traité de paix de Viasma. Michel III mourut en 1645, laissant pour successeur Alexis.

Alexis Michaelowitch régna au milieu des guerres intestines et des guerres étrangères. Vainqueur et vaincu, il se maintint, sans rien faire de remarquable, jusqu'à sa mort, en 1676. Son plus grand mérite est d'être le père de Pierre Ier.

C'est sous le règne d'Alexis, en 1672, que commença la guerre entre les Russes et les Turcs, lutte qui se déploie aujourd'hui sur un si vaste théâtre. La Russie, dans cette première guerre, qui eut lieu en Bessarabie, contre l'empire ottoman, était l'alliée de la Pologne. Les Turcs furent complétement vaincus à Choczim, en 1673.

Fédor III, fils aîné d'Alexis, lui succéda. Son règne de quatre ans fut signalé par un acte qui annonçait de belles pensées ; il fit brûler tous les titres de noblesse qu'il put saisir ; il voulait que le mérite et la vertu fussent les seules bases des distinctions accordées aux Russes. Il laissa par testament le trône à ses deux frères Ivan V et Pierre Ier, à l'exclusion de leur sœur Sophie, accusée d'avoir excité une révolte des Strélitz. Ivan V était muet et presque aveugle, il ne régna donc que de nom avec Pierre Ier ; en

1689, il se retira, mourut en 1696, et Pierre resta seul maître du gouvernement.

III

C'est de Pierre I⁰ʳ que date surtout la grandeur de la Russie ; c'est aussi sous ce règne que naquit cette insatiable ambition que rien n'assouvit, qui marche sur tout, qui prend partout. Du reste, Pierre fut un grand homme ; de nobles et larges idées occupaient son esprit. Dans un milieu plus avancé, à la tête d'une nation civilisée, Pierre eût fait de grandes et utiles choses ; chef de peuplades barbares, entouré d'une noblesse ignorante, grossière, qui n'avait encore emprunté aux nations plus éclairées que leurs vices, leur dépravation, Pierre se montra avec les qualités et les défauts de son époque ; il voulut élever les Russes, en faire une nation puissante, mais par la guerre d'abord et par la politique ensuite.

Un peu Grec par son bisaïeul Nikitri Zakhorlin Romanov, frère de l'impératrice Anastasie Iʳᵉ, Pierre avait, avec ses pensées de conquêtes militaires, un caractère de ruse et d'astuce fortement trempé. Dans cet écrit si remarquable qu'il laissa à ses successeurs, où il révèle si audacieusement ses vues politiques, ses desseins pour l'avenir de la Russie, où il trace si nettement la route que doivent suivre les czars qui viendront après lui ; dans son testament, enfin, Pierre marche droit au but ; tous les moyens lui sont bons, aucun scrupule ne l'arrête, ne le détourne ; il passerait, au besoin, par le crime pour arriver.

A l'avénement de Pierre Ier, en 1689, la Russie comptait à peine 16,000,000 d'habitants ; elle ne possédait qu'un port, Arkhangel, sur la mer Blanche, que les glaces ferment neuf mois de l'année ; elle n'avait pas un seul navire de guerre ; son armée n'était qu'un assemblage incohérent de bandes sans discipline, sans instruction, à l'exception des Strélitz, sorte de garde impériale organisée par Ivan IV, que ses trop grands priviléges rendaient souvent dangereuse. La Russie n'avait pas de corps régulier de lois, pas d'administration suffisante ; le pays, les habitants étaient complétement à la merci des boyards, nobles grossiers, ignorants, n'ayant d'autre guide que leurs passions, d'autre frein que leur intérêt. C'est sur ce pays que Pierre voulait appeler la civilisation ; c'est cette nation barbare qu'il voulait élever au premier rang des nations, qu'il appelait à la suprématie du vieux continent.

Pierre, sans hésiter devant l'immense tâche qu'il s'était tracée, se mit immédiatement à l'œuvre. L'Orient, cette inépuisable source d'un riche commerce, attira d'abord ses regards : il fallait, pour atteindre ces pays de l'or et des précieux produits, arriver à la mer Noire, posséder la Caspienne. Voronèje, sur le Don, et Astrakhan, sur le Volga, furent ses points de départ. En 1695, une expédition militaire et une petite flottille de mauvaises barques descendaient le Don, s'emparaient d'Azov, à 32 kilomètres de la mer d'Azof, et peu après de Taganrog, sur la mer d'Azof. Tel fut le début de

Pierre Ier. Mais il sentit qu'il ne pouvait exécuter les grandes choses qu'il avait rêvées, sans posséder une masse de connaissances qui lui manquaient, sans s'imprégner d'abord de cette civilisation dont il voulait enrichir son pays. C'est alors qu'il parcourut la Hollande, l'Angleterre, la France, prenant partout ce qui convenait à ses vues, et emmenant les hommes qui pouvaient le mieux le seconder dans sa mission civilisatrice.

Ce n'était pas seulement vers l'Orient que Pierre voulait étendre sa puissance; il voulait en même temps faire de la Russie un empire européen; de ce côté, au nord, il ne touchait encore qu'au lac Ladoga. Il fallait atteindre le golfe de Finlande, s'ouvrir une porte sur la Baltique. Il déclara la guerre aux Suédois. Battu plusieurs fois par Charles XII, à Narva surtout, en 1700, il ne s'empara pas moins des marais qui longent la Neva, entre le Ladoga et le golfe, et entreprit d'y fonder la nouvelle capitale de la Russie. En 1703, les travaux de construction sur ces marais commencèrent. En 1709 il écrasait Charles XII à Pultava, et l'année suivante il enlevait à la Suède la Livonie, l'Esthonie et la Carélie. Son empire avait un pied sur la Baltique. Il s'agissait maintenant de poser l'autre sur la mer Noire.

La Turquie entrait alors dans sa période de décadence. Commencée depuis la bataille de Lépante, très lente d'abord, elle fut considérablement accélérée par la guerre de 1682 contre l'Autriche, la Pologne et Venise. Le traité de Carlowitz, qui termina cette guerre en 1699, enlevait à la Turquie toute la Hongrie, qu'elle donnait à l'Autriche, la Podolie, l'Ukraine et Kaminie, qu'elle rendait à la Pologne, la Morée, qu'elle assurait à Venise, Azov et son territoire, qu'elle donnait à la Russie.

Pierre avait jugé le moment favorable pour attaquer la Turquie; mais, occupé de la guerre contre la Suède, de la fondation de Saint-Pétersbourg, il avait dû retarder une nouvelle querelle avec la Porte. Ce ne fut qu'après la victoire de Pultava, lorsqu'il fut complétement tranquille du côté de la Baltique, qu'il put songer à la mer Noire. Pierre, persuadé qu'il aurait bon marché des Turcs, descendit rapidement le Dniéper en 1711, suivi de forces considérables, et envahit les provinces entre ce fleuve et le Pruth. Devenu trop confiant par quelques succès obtenus d'abord, il s'avança sans précautions, se trouva un jour complétement cerné, près de Husch, ville de Moldavie, par le général turc Baltadji Mehemet, et fut forcé, pour le salut de son armée et le sien, d'acheter chèrement la paix, et de signer le traité de Fultchi, qui rendit à la Turquie Azov et Taganrog, où Pierre avait déjà fondé des établissements et des chantiers de construction; mais ce ne fut qu'après deux années de délais appuyés sur mille prétextes, sur les subterfuges les plus bizarres, que les agents russes purent se décider à rendre ces deux villes et leurs territoires.

Pendant ce temps, d'autres intrigues se nouaient dans les principautés danubiennes. Le traité de Fultchi n'avait pas fait renoncer Pierre à ses projets; il les avait seulement ajournés, et des agents russes en préparaient l'accomplissement en pressant ces deux provinces slaves de faire alliance avec le gouvernement russe, leur protecteur naturel sous le double rapport de l'origine nationale et de la religion. Ces agents avaient réussi. En 1710, un traité était conclu avec la Moldavie, et en 1711 un autre avec la Valachie. Si la campagne du Pruth eût été heureuse pour les armes de Pierre, la Russie se fût dès lors déclarée protectrice des principautés moldave et valaque, et les eût sans doute occupées, dans leur intérêt, bien entendu. Il était déjà convenu que la Russie leur donnerait un secours de 10,000 hommes en cas de guerre. Les principautés savent aujourd'hui ce que valent ces secours.

Peu de temps après, en 1713, Pierre, ne voulant pas laisser éteindre l'esprit militaire de ses troupes, recommença la guerre contre la Suède, pénétra en Finlande, et s'empara, après un combat sur mer, de l'île Aland, à l'entrée du golfe de Bothnie. Cette guerre se termina en 1721 par le traité de Nystadt, qui assura à la Russie la Livonie, l'Esthonie, l'Ingrie et la Carélie.

Pierre, ainsi occupé d'enlever à la Suède, un à un, les territoires à sa convenance, ne négligeait pas ses projets sur la Caspienne. Dès le commencement de son règne, il songea à faire exécuter des cartes de ces contrées. Le czar avait de trop sérieux projets politiques et commerciaux sur l'Orient, pour ne pas songer à les appuyer sur une base solide, sur une connaissance complète des lieux. Il fit donc exécuter

de nombreuses études sur les deux mers et sur le
Turkestan par le conseiller Kirilof, par l'amiral Soï-
monof, le vice-amiral Cruys, et par quelques Hollan-
dais ; travaux fort imparfaits que le czar fit corriger
à Paris par le savant géographe Delisle.

Mais Pierre était trop impatient d'agir, de marcher à l'exécution de ses projets, pour attendre le
résultat de ces explorations scientifiques. Pendant
que les géographes, les agents secrets, les négociants
agissaient de leur côté pour ouvrir des voies nouvelles à l'influence moscovite, un ambassadeur, le
prince de Beckewitch, escorté de 3,000 hommes
bien armés, avec de l'artillerie, et bien approvi-
sionnés, descendait le Volga, en 1717, et se dirigeait d'Astrakhan vers Khiva. Cette mission pacifique avait pour but de reconnaître le pays, l'Oxus,
qui roulait des sables aurifères, de s'emparer des
mines d'or dont le czar avait entendu parler. Pierre
avait besoin d'or pour entretenir ses armées, pour
augmenter sa marine, pour payer ses agents à
l'étranger, pour corrompre et gagner les personnages influents des États sur lesquels il voulait agir.

Le khan de Khivie voulut résister à cette invasion,
dont il pressentait le résultat ; il se porta au-devant
des Russes avec toutes les tribus qu'il put rassembler, mais cette foule sans discipline, brave seulement, fut bientôt dispersée par la tactique européenne,
et surtout par l'artillerie. Le khan se soumit donc,
caressa la soif de l'or que montrait le prince Beckewitch, parvint à lui faire disséminer son armée pour

faciliter les recherches, disait-il, fit égarer les détachements isolés dans les déserts de sables du pays,
et, après les avoir affaiblis par une soif dévorante,
par des privations et des fatigues de tout genre, le
khan les fit attaquer par ses Tatars et massacrer en
très grande partie ; Beckewitz fut du nombre. Quelques uns seulement purent arriver aux bateaux laissés sur l'Oxus, et gagner ainsi l'Oural et la Russie.

Le czar Pierre ne parut pas songer d'abord à
tirer vengeance de cette défaite ; il chercha à connaître mieux ces contrées, afin de s'en emparer plus
tard. Pour s'y préparer, pour appuyer et approvi-
sionner ses expéditions de terre, laissant Astrakhan
pour ses expéditions navales, il fit élever un poste
fortifié sur le Ruisseau de l'or, l'un des affluents de
l'Oural, fleuve qui séparait la Russie du pays de la
petite horde des Kirghiz ; ce poste fut nommé d'abord
Forteresse de l'or, puis, changé de lieu deux fois,
élevé sur l'Oural, il fut enfin nommé Orenbourg.

L'année suivante, en 1718, Pierre envoyait une
ambassade en Perse, non cette fois avec une armée pour escorte ; il s'agissait seulement, en apparence, de nouer des relations de bonne amitié et
de commerce avec le shah, et en secret d'étudier ce
pays sous tous les rapports. Hussein régnait. La
Perse s'étendait alors de Derbend à Kandahar ; mais
Hussein, prince faible et sans énergie, laissait déchirer
son royaume par les révoltes des grands et par les
brigands ; Nadir, ou Thamasp-Kouli-khan, insurgeait
déjà le Khoraçan ; les Afghans commençaient leurs

incursions. C'était un moment favorable pour s'immiscer dans les affaires de cet État. Pierre ne manqua pas de le faire. Des agents nombreux qui accompagnaient l'ambassadeur se dispersèrent d'abord sur tous les points, au golfe Persique, dans l'Afghanistan, et jusqu'aux Indes, sous prétexte de commerce. Le czar chercha ensuite un prétexte d'intervention armée en Perse ; ce prétexte se trouve toujours quand on le cherche avec soin.

Quelques années auparavant, 20,000 Kirghis, montagnards du versant oriental du Caucase, alliés de la Perse, ravagèrent la Géorgie, le Chirvan, et pillèrent plusieurs villes ou bourgs. Parmi les habitants de Schamaki, l'une de ces villes, se trouvaient 300 Russes. Le gouvernement du czar adressa aussitôt des réclamations à la Perse, demanda la punition des coupables, et estima la perte de ces Russes à plus de 4,000,000 de roubles argent (16,000,000 fr.) Énorme exagération qui mit le gouvernement de la Perse dans un cruel embarras. Faible, pressé de tous côtés par des insurrections, il était impossible au shah Hussein de faire droit aux demandes de la Russie. En cette extrémité il ne voit qu'un moyen de salut, c'est de prier le gouvernement moscovite de se faire justice lui-même. Il lui demandait en même temps un secours pour combattre les révoltés qui le menaçaient, ainsi que les Afghans qui s'avançaient. C'était ce que désirait Pierre. Tranquille du côté de la Suède par la paix de Nystadt, qui venait d'être signée en 1721, le czar se hâta de rassembler des troupes et d'armer une flottille à Astrakan. L'armée comptait 46,000 hommes , 22,000 d'infanterie , 9,000 de cavalerie et 5,000 Cosaques ou Kalmouks. La flottille était composée de 442 petits navires, montés par 3,000 marins. L'infanterie fut embarquée et la cavalerie suivit la côte occidentale de la Caspienne. L'armée se mit en marche le 15 juin 1722. Pierre Ier la commandait en personne.

Les Kirghis essayèrent d'empêcher l'armée russe de débarquer et d'arrêter la cavalerie au passage des rivières qui coupent la côte ; mais ils ne purent tenir tête à des troupes exercées et furent forcés de se réfugier dans leurs montagnes, où l'on n'osa pas les poursuivre. L'armée russe continue alors sa marche, s'empare successivement de Tarkou, de Derbent, de Kouba, de Bakou, qui résista longtemps ; à la fin de cette première campagne tout le Daghestan et le Chirvan étaient au pouvoir de Pierre. L'année suivante, 1723, les Russes entrèrent dans la province du Ghilan et s'y fortifièrent, comme ils l'avaient fait dans le Daghestan et le Chirvan. Le czar, très satisfait de son œuvre, rentra victorieux à Moscou, annonçant à l'Europe qu'il venait de secourir le shah de Perse, attaqué par une puissante insurrection.

La Turquie, mieux informée et plus clairvoyante, fut sérieusement alarmée de ces conquêtes qui touchaient ses provinces d'Asie et se prépara à la guerre. Mais l'empereur d'Allemagne, Charles VI, vint officieusement s'interposer et persuader au sultan Ahmed III, que le czar Pierre Ier n'avait vraiment d'autre dessein, en entrant en Perse, que de secourir le shah Hussein. Le gouvernement ottoman se laissa tromper par les belles paroles du cabinet de Vienne, et laissa agir les Russes. En 1724, Hussein shah, harcelé de toutes parts et sur le point de succomber, envoya au czar un nouvel ambassadeur, Ismaël Bey, pour implorer son aide. Pierre profita de cette position pour arracher ou acheter à l'ambassadeur persan un traité qui, pour prix des secours promis, cédait à la Russie le Daghestan, le Chirvan, le Chamakil qu'occupaient les Turcs, le Ghilan, le Mazaderan et Astrabad, c'est-à-dire tout le littoral ouest et sud de la Capsienne. Pendant que le czar dépouillait ainsi la Perse, le malheureux Hussein était fait prisonnier à Ispahan par les Afghans, et forcé d'abdiquer en faveur de leur chef Mir-Mahmoud.

Le fils de Hussein, Tamasp II, décidé à résister aux Afghans et aux insurgés, se proclama shah et continua la guerre, en demandant au czar de Moscovie le secours promis à son père. Ce fut alors que le traité d'Ismaël Bey fut présenté à la ratification du nouveau shah comme condition du secours. Tamasp II refusa de démembrer ainsi la Perse, et envoya le peu de troupes dont il pouvait disposer contre les Russes. Mais que pouvaient quelques milliers d'hommes contre une armée possédant toutes les places fortes du pays et couverte par de nombreux postes fortifiés élevés par eux sur les principaux points militaires? Le Daghestan et le Chirvan restèrent donc alors aux Russes, qui s'établirent en outre à Salian, dans le delta du

Kour. Peu de temps après, le czar Pierre, s'appuyant sur le traité arraché à l'ambassadeur persan, et non ratifié par le shah, ouvrit des négociations avec la Turquie, maîtresse alors de la plus grande partie des provinces caucasiennes, afin de partager avec elle les dépouilles de la Perse, et régler la délimitation des frontières. Mais l'heure de la mort allait sonner pour Pierre le Grand ; il ne put mener à bonne fin ces projets de spoliation. Le 8 février 1725, le suprême juge des choses d'ici bas l'appela devant lui.

Catherine Ire, cette Livonienne femme de soldat, que le prince Menschikoff avait donnée en 1704 à Pierre, et qui fut couronnée impératrice en 1724, succéda sans obstacle à son époux et continua son œuvre avec énergie. En 1726, elle conclut une convention avec le sultan pour la prise de possession des provinces de la Perse, désignées dans le traité d'Ismaël-Bey. Cet acte de déloyauté, où les droits de la Perse étaient violés, où les promesses de secours faites par Pierre Ier étaient éludées, cet acte excita bien naturellement les plaintes du shah Thamasp II. Ces plaintes furent fort mal accueillies par Catherine ; irritée, elle se mit immédiatement en rapport avec les Afghans, qui occupaient encore la plus grande partie de la Perse, afin de partager le reste avec eux. Mais le chef des Afghans, Achraf, qui venait de faire assassiner le vieil Hussein pour s'emparer du trône, était alors très vigoureusement attaqué par Nadir, qui se nommait lui-même Thamasp Kouli-Khan, le chef des serviteurs de Thamasp, qui, à la faveur des troubles s'était, du rang de conducteur de chameaux et de chef de brigands, élevé au rang de général en chef, Nadir reconquérait alors la Perse sur les Afghans, au nom du shah Thamaps II. En 1726, lorsque Catherine adressa son message à Ispahan, au chef des Afghans, Nadir venait de s'emparer de cette capitale. Il se chargea de répondre à Catherine. Mais la lenteur des communications était telle alors, que la réponse de Nadir n'arriva à Moscou qu'en 1727, après la mort de Catherine Ire, à laquelle venait de succéder un enfant, Pierre II, petit-fils de Pierre le Grand.

La puissance de Nadir, vraiment maître de l'Empire, car Thamasp II ne régnait que par lui, et une minorité sans force, contraignirent la Russie à renon-cer à ses projets sur la Perse. La Turquie elle-même dut rendre aux armes de Nadir les conquêtes qu'elle avait faites sous les règnes précédents.

Le règne de Pierre II, fils d'Alexis Petrowitz, ne dura que trois ans, et fut nul pour l'histoire. En 1730, Anne, fille d'Ivan V, ce frère aîné de Pierre le Grand, qui avait régné de nom quelque temps avec lui, Anne Ivanowna succéda à son petit-neveu. Anne, dominée par Jean de Biren, successeur de son mari comme duc de Courlande, laissa gouverner ce favori cruel et lâche jusqu'à sa mort en 1740. La Russie, sous Anne, perdit en grande partie ce qu'elle avait acquis sous Pierre Ier et Catherine. La Perse, sous la puissante main de Nadir shah, la força à évacuer les territoires envahis à la faveur du prétendu traité d'Ismaël-Bey,

et à se désister à toujours de ces droits usurpés. La
Russie dut même admettre la médiation de la Perse
dans ses différends avec la Turquie et conclure avec
elle, en 1739, le traité de Belgrade, qui donnait
l'indépendance aux deux Karbadah, ôtait à la Russie
le droit d'avoir une flotte sur la mer d'Azov, et forçait celle de la Caspienne à baisser son pavillon devant
le pavillon persan. Ivan VI, Antounwitch, enfant de
trois mois, succéda à sa tante Anne, sous la régence
de Biren ; mais une conspiration de palais envoya,
en 1741, le pauvre enfant en prison, le favori en
Sibérie et éleva au trône Élisabeth, fille de Pierre 1er.
Ce fut encore un favori, Lestocq, qui régna en grande
partie sous le nom de la nouvelle impératrice. Mais
évitons les digressions inutiles et marchons rapidement vers notre époque.

Le règne d'Élisabeth Petrowna ne fut pas bril-
lant, mais il fut doux. Les intrigues de ruelles,
les conspirations de salon et de boudoir, y trouvèrent plus de place que les grandes entreprises
extérieures. Le gouvernement d'Élisabeth se contenta de repousser les entreprises des Suédois et de
les contraindre, en 1743, de demander la paix, en
cédant une partie de la Finlande. Une guerre avec
la Prusse, mêlée de succès et de revers, remplit le
reste de la vie publique d'Élisabeth. Cependant tou s
les regards du gouvernement russe n'étaient pas fer-
més sur l'Orient, le testament de Pierre Ier n'était
pas oublié complétement au milieu de cette cour fri-
vole.

Les Russes avaient un motif pour attaquer de nouveau la Turquie ; le cabinet de Saint-Pétersbourg a toujours, il est vrai, des motifs en réserve pour autoriser ses entreprises. L'Iméréthie, province du royaume de Géorgie jusqu'au xive siècle, était depuis le xve siècle le théâtre de guerres civiles, entre des princes prétendants, ou tour à tour la proie des étrangers, Tatars, Turcs, Persans. La Russie qui désirait fort cette contrée, y envoya d'abord, en 1650, une ambassade ; c'était toujours la première démarche envers un pays convoité. Installé à Koutaïs, l'agent russe excita de nouveaux troubles entre les héritiers. En 1663 , le shah de Perse, comme suzerain, intervint, mais sans rétablir le calme. En 1703, les Turcs, qui désiraient aussi ce pays, intervinrent à leur tour, replacèrent le prince légitime, Salomon Ier, sur ce petit trône, et s'emparèrent de plusieurs forteresses. En 1760, ce prince n'étant pas assez docile au joug, les Turcs le détrônent et mettent à sa place son cousin Thermouraz. Salomon ne vit qu'un moyen de sauver la patrie, c'est-à-dire ses intérêts, ce fut d'appeler les Russes à son aide.

Tel était le motif de cette nouvelle guerre entre les Russes et les Turcs. Toujours les intérêts des princes pour cause, jamais ceux des peuples. Le général Todleben commandait le corps expéditionnaire. Nous ne le suivrons pas dans sa route à travers le Caucase, par la vallée du Terek, le défilé de Dariel, les environs du Kasbek ou col de la Croix, et Kobi, contrée des Ossettes, déjà gagnés en grande partie. En entrant dans l'Iméréthie le général russe demanda un corps de troupes, comme auxiliaires alliés, aux deux vice-rois de Géorgie. Héraclius le fils s'occupait alors de chasser son père de son gouvernement, et de s'emparer de toute la Géorgie.

Héraclius n'eut garde de refuser des troupes à ses bons amis les Russes ; il rejoignit lui-même le général Todleben à la tête de tous ses guerriers, mais sans rompre ouvertement avec la Perse. La première occupation des Russes en Iméréthie fut de chasser les Turcs des forteresses et de s'en emparer, sans trop songer à Salomon et à son cousin : celui-ci se retira chez les Turcs, le premier se réinstalla dans Koutaïs sa capitale, les Russes gardèrent les places fortes, et tout fut dit pour le moment sur ce point. La mort d'Elisabeth, en 1762, vint d'ailleurs mettre un temps d'arrêt à l'action extérieure de la Russie.

Kérim-Khan venait de monter sur le trône vacillant de la Perse, en 1761, refusant le titre de shah (roi) et se contentant de celui de wakil (gouverneur). La Russie, profitant des troubles intérieurs de cet État, qui en absorbaient toutes les forces actives, conseilla à Héraclius, vice-roi de Géorgie, de choisir ce moment favorable pour rompre cette dépendance, lui promettant, en échange de ses bons offices dans la guerre d'Iméréthie, de l'aider en cette occasion. Le wakil Kérim-khan, prévenu de ces intrigues, menaça Héraclius de le déposer et de le remplacer s'il ne rentrait dans le devoir. Cette menace précipita les choses, toujours d'après les bons conseils de la Russie,

Héraclius se déclara indépendant et s'allia à elle. Il ne savait pas encore où conduisent les traités d'alliance avec l'autocrate du Nord.

Les changements de règne, en Russie, sont souvent très laborieux : l'enfantement d'un nouveau czar est presque toujours accompagné de péripéties fort dramatiques. Élisabeth n'avait jamais voulu prendre époux ; Élisabeth mourant en 1762, ne laissa donc pas d'enfants.... légitimes. Sa sœur, Anne Petrowna, avait eu de son mariage avec le duc de Holstein-Gottorp un fils nommé Pierre-Ulric. Ce fut ce fils d'Anne et du petit prince allemand, né en 1728, ayant par conséquent quarante-quatre ans, qu'Élisabeth choisit pour son héritier ; ce fut Pierre III qui commença la tige actuelle des czars de Russie.

Pierre III, d'humeur fort pacifique, se hâta de faire la paix avec Frédéric II, sous lequel il avait fait ses premières armes, qu'il admirait et vénérait à l'égal de Pierre le Grand. Assez mal élevé, de caractère bizarre, beaucoup plus caporal qu'empereur, Pierre avait cependant quelques bons instincts : il voulait s'occuper surtout de l'intérieur de la Russie, remédier autant que possible aux nombreux abus qui existaient et créer d'utiles institutions. Il songeait à abolir le servage, à licencier les gardes, nouveaux Strélitz presque maîtres de l'État ; il rappela tous les proscrits et abolit la chancellerie secrète, affreux laboratoire de délations, de proscriptions, d'exécutions nocturnes. Il manifesta trop haut ses intentions et effraya dès

son début un grand nombre d'intérêts attachés à tout
ce qu'il voulait détruire. Il eut de plus l'imprudence
de montrer son admiration pour les troupes prussiennes et son mépris pour l'armée russe.

Pierre avait épousé, en 1745, Catherine d'An-
halt-Zerbst, avec laquelle il vivait en très mauvaise
intelligence, et dont la conduite était, du reste, plus
que légère. Catherine avait donné à Pierre un fils :
c'était Paul, depuis le czar Paul Ier. A peine assis sur
le trône, Pierre III montra trop clairement son
intention de répudier Catherine, de la remplacer par
la comtesse Woronzoff, et de faire déclarer son fils
Paul bâtard. Catherine n'était pas femme à se laisser
ainsi renverser. Quoique surveillée de très près,
presque prisonnière, elle sut, à l'aide de ses nombreux amis, surtout de Grégoire Orloff, fomenter une
conspiration militaire, et, pendant une promenade de
Pierre à Pétershoff, faire prononcer sa déchéance, en
se faisant proclamer impératrice.

Pendant ce mouvement séditieux, quelques conspirateurs voulurent proclamer Paul ; mais Catherine
étouffa cette pensée. D'autres parurent regretter
Pierre, qui montra en cette occasion une faiblesse
inouïe. Ces regrets furent le signal de sa mort. Six
jours après l'usurpation de Catherine, le frère de Grégoire, Alexis Orloff, étrangla le czar Pierre III. Un
an après, quelques tentatives ayant été faites en faveur
du malheureux czar Ivan VI, qui végétait depuis vingt-
deux ans dans la forteresse où l'avait jeté sa tante,
Élisabeth, Ivan VI fut assassiné. Catherine fit égale-

ment disparaître, par les mains d'Alexis Orloff, une fille naturelle d'Élisabeth qui lui faisait ombrage. Mais sortons de cet abîme d'iniquités, renfermons-nous dans le cadre politique et militaire que nous nous sommes tracé.

IV

L'Europe, à l'avénement de Catherine II, offrait un champ vaste et facile à l'ambition russe. La guerre qui, depuis le commencement du xviiie siècle, n'avait presque pas cessé entre les nations de l'Occident, les avait considérablement affaiblies. La guerre de Sept ans, qui venait après les guerres de la succession d'Espagne, de la succession de Pologne, de la succession de la monarchie autrichienne, la guerre de Sept ans avait achevé la ruine de la plupart des grands États, quand les traités de paix de 1763 furent enfin signés. La Russie, restée à peu près simple spectatrice de ces luttes, avait grandi en silence et se tenait prête à profiter des circonstances pour s'immiscer dans les affaires intérieures de l'Europe occidentale. Le moment était venu. Il lui fallait un grand monarque pour agir : elle le trouva dans la femme qui venait d'acheter si chèrement le trône.

L'Électeur de Saxe, Auguste III, élu roi de Pologne en 1733, avec l'appui d'une armée russe, au détriment de Stanislas Leczinski, venait de mourir. Sous son règne faible et indolent, le gouvernement russe avait pu tout à l'aise établir son influence sur la Pologne et exciter les troubles nécessaires à ses vues. Catherine prit hardiment en main les fils préparés et commença. Le fils d'Auguste III se présentait pour succéder à son père ; elle le fit repousser de l'élection par la diète gagnée, et, d'accord avec l'Autriche et la Prusse, fit élire (en 1764) Stanislas Poniatowski, l'un de ses amis, sûre d'avoir ainsi la haute main sur les affaires du pays, qu'une armée russe occupait déjà. Tel fut le premier pas de Catherine dans la carrière politique.

Le gouvernement ottoman, justement alarmé de l'ascendant que prenait la Russie en Pologne, des hostilités sourdes, mais incessantes que commettaient ses agents et ses soldats sur les frontières turques du Don et du Dnieper, demanda, selon l'esprit des traités, l'évacuation des troupes stationnées en Pologne et des réparations pour les déprédations des armées russes dans les provinces turques. Ces demandes du divan ne furent pas repoussées par le cabinet de Pétersbourg ; la diplomatie russe entrait dès lors dans cette voie machiavélique où elle brille d'un si vif éclat aujourd'hui. Pendant plusieurs années on amusa la Porte avec une multitude de promesses magnifiques, de notes équivoques, de déclarations et d'explications évasives, obscures, et enfin, comme de nos jours, quand la Russie se crut en état d'attaquer avantageusement la Turquie, elle leva le masque et adressa un refus net et précis à la Porte. En face de cette mauvaise foi bien caractérisée, le sultan Abdul-Hamed, qui régnait, se décida peu après, en 1769, à déclarer la guerre à la Russie.

Catherine avait, depuis longtemps, ordonné de

grands armements pour cette guerre qu'elle désirait et qu'elle préparait. Une nombreuse armée couvrait les vastes plaines entre le Don et le Dnieper. Des flottilles de petits navires se construisaient et s'armaient dans les chantiers fondés sur le cours du Don. La flotte de la Baltique, considérablement augmentée et commandée par des officiers de marine étrangers, pénétra dans la Méditerranée, et la guerre commença. Mais, pour vaincre son ennemi, la Russie n'employa pas seulement le fer et le feu; elle y joignit, comme toujours, l'intrigue et la corruption : pendant que son armée ravageait le littoral de la mer Noire, entre le Dnieper et le Bug; pendant que sa flotte détruisait la marine turque et bombardait les côtes de Syrie et d'Égypte, ses agents semaient l'esprit de révolte et excitaient la guerre civile en Grèce, dans les provinces slaves du Danube et de la mer Adriatique. Avec ces puissants moyens de destruction et de perturbation, il fallut cependant à la Russie cinq grandes campagnes, où le terrain lui fut vigoureusement disputé, pour forcer la Turquie à demander la paix.

Le traité de Kutschuk-Kainardji, signé le 21 juillet 1774, assura à la Russie la possession des contrées entre l'embouchure du Don, le Dnieper et le Bug; il lui donna Azov et Taganrog, si longtemps convoités, pris et repris; il lui ouvrit la libre navigation de la mer Noire et le passage des Dardanelles, refusés aux autres puissances; enfin il dégagea les khans tatars de Crimée, du Kouban de la suzeraineté de la Turquie, et les mit ainsi en contact immédiat avec la Russie, qui songeait déjà à dévorer cette proie.

Pendant que ces conquêtes se faisaient au Sud, Catherine avait étendu sa large main à l'Ouest et commençait à déchiqueter la Pologne. Le 5 août 1772, un traité signé par l'Autriche, la Prusse et la Russie, traité odieux, indigne, donnait à chacune de ces trois puissances un lambeau saignant de cette malheureuse terre, si longtemps l'héroïque barrière de l'Europe contre les invasions des barbares de l'Asie. Quel était le motif apparent de cette action? Le rétablissement de l'ordre. La Russie, par ses sourdes menées, avait excité la guerre civile en Pologne. Les trois États voisins, secrètement d'accord, paraissent effrayés de cet état; leurs troupes envahissent le pays soulevé, écrasent l'hydre de l'anarchie, et s'en retournent emportant chacun un morceau de la curée. L'Europe occidentale laissa faire : elle commit une faute politique immense dont elle porte la peine aujourd'hui; elle laissa entrer les trois États du Nord et de l'Est dans cette voie d'agrandissements successifs où ils ont marché si rapidement depuis, où ils veulent marcher plus rapidement encore.

Mais si les intrigues de la diplomatie, plus encore que les armes, réussissaient à l'extérieur, l'intérieur de l'Empire était loin d'être prospère. Le désordre des finances, les concussions éhontées des fonctionnaires, le dépeuplement des provinces nouvellement conquises par les émigrations, les insurrections des paysans, encouragées par le clergé, la peste qui ravageait les campagnes, qui décimait les armées; tous ces

faits jetaient de sinistres ombres sur la gloire militaire de ce règne. Les faux-Pierre III, vivants reproches pour Catherine, parurent aussi vers cette époque. Le premier, Putgatcheff, qui vint en 1773, à la
tête d'une nombreuse armée de cosaques et de paysans, marcha jusqu'à Moscou et fut sur le point de le
prendre. Il fallut de grands efforts pour abattre ce
prétendant, pour étouffer cette grande insurrection.

Ces ennuis intérieurs, ces obstacles qui s'élevaient
sans cesse devant ses projets à l'extérieur, irritèrent
le caractère altier de Catherine. Elle voulait que tout
pliât devant sa volonté, que l'Europe s'inclinât devant elle; elle voulait dominer sur les mers, forcer le
pavillon anglais à s'incliner devant le pavillon russe;
elle voulait surtout abaisser la France, dont elle
empruntait les lumières, mais dont elle détestait les
idées. L'exécution de ces projets n'était pas aussi
facile que d'enlever quelques provinces à la Turquie,
à la Perse, à la Pologne. Quelques essais lui démontrèrent bientôt que la Russie était encore loin de cette
suprématie politique et militaire qu'elle rêvait pour
elle. Catherine dut renoncer enfin à réaliser pendant
son règne les gigantesques desseins de Pierre Ier et se
contenter de continuer la mission tracée dans le testament de cet homme célèbre, de s'immiscer de plus
en plus dans les affaires intérieures des nations, de
souffler sur tous les points du vieux continent la discorde, l'anarchie et la guerre. En attendant que
l'Europe lui offrît quelque prétexte d'intervention,

Catherine se tourna vers l'Orient où quelques chances de conquêtes se présentaient.

Une ligne militaire avait été établie en 1763 sur le cours du Terek pour arrêter les excursions des Tchetchens, des Lesghis et servir de base à l'envahissement successif des provinces caucasiennes. La principale place d'armes de cette ligne fut d'abord Mosdok. On songea bientôt à la prolonger vers l'ouest ; mais les habitants et les ouvriers manquaient pour la construction des forts, des bourgs, qui devaient servir à la défense et au logement des troupes. Catherine trouva, par un moyen rapide et sûr, ces habitants-ouvriers. Les Cosaques zaporogues, qui habitaient les bords du Dnieper, provinces nouvellement conquises sur la Turquie, supportaient assez impatiemment le joug pesant et les rudes travaux dont on les accablait : défrichements, fondations de villes, de Kherson entre autres, qu'on commençait alors ; ils se permettaient de murmurer, d'attaquer quelquefois leurs oppresseurs. On accusa les Zaporogues de révolte, de brigandage ; on leur enleva leurs chefs, Hetmans, et, en 1775, on les transporta en masse dans les steppes qui longent le Kouban au nord. Là, établis en colons militaires, on leur fit élever seize forteresses reliées par un grand nombre de fortins ; il ne resta plus bientôt qu'à renouer ces deux lignes du Terek et du Kouban vers le centre. En 1776 on prolongea la première jusqu'au delà de la grande Kabardah, et en 1777 on fondait Ekaterinograd pour commander la vallée que suit le Terek en descendant du centre du

Caucase par le défilé de Dariel. Peu après, en 1781,
la fermeture de l'isthme fut complétée par d'autres
points fortifiés sur la Macka et sur la Kouma.

Ainsi appuyée sur cette ligne militaire, Catherine
voulut aller plus loin et commencer sérieusement la
conquête du Caucase. Mais l'intérieur du massif était
à peu près inconnu ; la route qui, par les vallées du
Terek, de l'Aragavi et du Kour, conduisait en Géorgie, n'avait encore été qu'imparfaitement explorée ;
il fallait l'étudier, la rendre praticable à une armée.
Les Ossettes, avec qui on avait ébauché une alliance
en 1760, étaient maîtres de ce défilé ; il fallait les
gagner, obtenir d'eux le libre parcours de cette
route. Des agents adroits furent chargés de renouer,
de consolider ces bonnes relations, et d'atteindre le
but désiré.

Pendant ce temps, d'autres agents exploraient
les côtes caucasiennes de la mer Noire et de la
Caspienne, nouant des rapports de commerce avec
les populations turques, perses, tartares ou monta-
gnardes qui couvraient ces contrées. Une flottille,
composée de trois petites frégates, de cinq corvettes
et une bombarde, commandée par le comte Woï-
nowitch, étudiait en même temps la Caspienne,
dressait des cartes et cherchait à fonder des établissements, soi-disant commerciaux, sur le littoral.
Ainsi, sous prétexte de créer un simple comptoir près
d'Astrabad, les Russes de la flottille élevèrent une
forteresse qu'ils armèrent rapidement de dix-huit
canons, avant que le gouverneur persan de la pro-

vince pût en avoir connaissance, et ce fut à grand
peine qu'il parvint à se débarrasser de ces dangereux négociants.

Malgré quelques empiétements sur le territoire de
la Turquie ou de ses alliés ; malgré les efforts con-
tinus de la Russie pour exciter la révolte parmi les
populations soumises à l'empire ottoman, la paix,
consacrée en 1774 par le traité de Kutschuk-Kay-
nardji, n'avait pas été officiellement rompue. Catherine n'eut pas la patience d'attendre plus longtemps ;
ce demi-repos la fatiguait ; cette guerre latente,
qu'elle faisait ainsi depuis plusieurs années à la Turquie, n'allait pas à sa vaste ambition, à ses ardents
désirs de conquête ; elle marchait trop lentement.
Elle voulait la Crimée pour relier les nouvelles provinces de la Russie méridionale à la Circassie, pour
posséder la mer d'Azof et se créer de nouveaux ports
sur la mer Noire. Mais on était en pleine paix. La
Crimée était indépendante, rien ne motivait une
agression, encore moins une prise de possession.
Que pouvaient ces raisons sur l'impératrice? elle
voulait la Crimée, puis quelque territoire de plus sur
le Bug, ou plutôt au delà de cette frontière acquise
seulement en 1774, par le dernier traité.

Le général Souvarof, qui avait commencé sa répu-
tation militaire dans la guerre de Sept ans et dans la
dernière guerre contre les Turcs, sorte de Cosaque
né dans l'Ukraine, dont le caractère cruel était bien
connu, Souvarof fut chargé de s'emparer de la Crimée ; son armée occupait la Russie méridionale de-

puis le Bug jusqu'à la mer d'Azov. Potemkin, l'un des favoris de Catherine, devenu prince, feld-maréchal, premier ministre, commandait en chef ; il occupait avec d'autres troupes la ligne du Caucase et couvrait Souvarof. L'empereur d'Autriche, alléché par le premier partage de la Pologne, séduit par la promesse d'une part de curée dans le partage de la Turquie, avait rassemblé de son côté une nombreuse armée et une flottille sur le Danube pour venir en aide à Catherine dans ses projets de spoliation. Rien ne devait troubler ces deux têtes couronnées dans leur opération. La Suède était forcée à une neutralité absolue par le traité de Frédéricksham ; la Pologne affaiblie, entourée d'ennemis, ne pouvait remuer ; tout était donc parfaitement préparé pour aller vite et loin. L'invasion de la Crimée n'était qu'un commencement ; Catherine, elle le disait même assez haut à ses intimes, Catherine espérait atteindre Constantinople.

Il ne s'agissait plus maintenant que d'un prétexte plus ou moins bon pour agir ; pour entrer en Crimée d'abord. Catherine y avait songé. Des dissensions habilement fomentées entre les chefs tatars avaient déjà éclaté en Crimée. Lors du traité de Kaynardji, qui reconnaissait l'indépendance de la Crimée sous la protection de la Russie, Catherine avait déclaré que le trône, comme avant la suzeraineté de la Turquie, serait électif. Les Turcs nommaient eux-mêmes le khan dans une famille du pays ; mais le mode électif prêtait beaucoup plus au désordre : c'était ce que voulait

Catherine. Quand tout fut prêt pour l'invasion , une insurrection éclata contre le khan élu. La Russie excelle dans l'éclosion des révolutions chez les peuples étrangers : elle les féconde et les couve avec un soin parfait. Donc, au moment précis, une révolte menace le khan de Crimée ; il est chassé , un nouveau khan est élu ; mais, ce que n'avait pas prévu le gouvernement russe, le calme se rétablit aussitôt et enlève tout prétexte à l'intervention russe. Ce calme ne faisait pas le compte de Souvarof : il était là, en arrêt ; il voulait sa proie.

Pendant les troubles de Crimée , un pacha turc , gouverneur d'Anapa, s'était emparé de l'île de Taman, qui peut être géographiquement considérée comme une dépendance de la Crimée. Le général Souvarof fit dire au khan Shahin-Geray d'exiger du pacha turc l'évacuation de l'île. Le porteur du message fut mis à mort. Les Russes alors poussèrent des cris de vengeance, et pressèrent le khan d'attaquer le pacha. Shahin-Geray , trop faible pour punir lui-même ce crime, appela les Russes à son aide. Ils ne se firent pas attendre. Souvarof entra immédiatement en Crimée par le côté opposé à l'île. Arrivé au bosphore Cimmérien, qui sépare Taman de la Crimée, au lieu d'attaquer l'île, il occupa la péninsule , s'empara par trahison ou par force de toutes les places fortes , et contraignit, sous peine de mort, les chefs, les imans et le peuple à prêter serment de fidélité à l'impératrice.

Le premier moment de surprise passé, les Tatars

se préparèrent à se venger de ce lâche guet-apens et à chasser les Russes. Le feld-maréchal Potemkin, qui commandait la ligne du Caucase, informé de ces projets, ordonna de mettre à mort tous les Tatars compromis ou suspects. Plusieurs officiers refusèrent de se faire ainsi bourreaux ; le général Paul Potemkin, cousin du feld-maréchal, accepta cette horrible mission, et 30,000 Tatars furent froidement assassinés par les soldats russes. Shahin-Geray, déchu de son khanat, fut pensionné, et emmené d'abord à Moscou. Il mourut misérablement à Rhodes quelques années après. C'est ainsi que Catherine, surnommée la Grande, s'empara, de 1784 à 1782, de la Crimée. Peu de temps après, les Turcs étaient chassés de Taman, et Souvarof était nommé gouverneur de cette nouvelle conquête.

LETTRES

SUR LES

ÉVÉNEMENTS POLITIQUES ET MILITAIRES

CONTEMPORAINS.

3ᵉ LETTRE (1).

Pàris, 1ᵉʳ avril 1854.

I

Nos prévisions sur la question d'Orient se sont complétement réalisées ; l'empereur Nicolas a résisté à toutes les tentatives pacifiques faites par les quatre grandes puissances occidentales ; il a repoussé avec

---

(1) Quelques fautes typographiques graves ont échappé à notre attention dans la lettre précédente, numéro du 1ᵉʳ mars : page 597, au lieu de Zakhorlin, *lisez :* Zakharlin. Pages 604, 605 et 611, au lieu de Kirghis, *lisez :* Lesghis. Page 612, au lieu de Thermouraz, *lisez :* Theimouraz.

arrogance toutes les propositions des cabinets, propositions pleines de convenance et de raison, ayant
pour bases les intérêts généraux de la civilisation,
ayant pour but d'éviter à l'Europe de longs déchi-
rements, des luttes sanglantes, des guerres sans fin.
Le Czar a répondu à ces ouvertures de paix par une
suite de notes, de manifestes, d'actes tous entachés
d'une mauvaise foi que rien ne peut excuser. Agres-
seur injuste, violent, il se pose hypocritement, à la
face de tout le monde, en innocente victime ; il se dit
menacé, attaqué ; ses armes envahissent le territoire
ottoman en pleine paix, au milieu des négociations
les plus amicales, en apparence du moins, et il as-
sure, lui, souverain de 70 millions de sujets, pape
d'une des grandes religions de la terre, il affirme avec
audace qu'il ne fait que répondre aux hostilités de la
Turquie, si faible en face de sa colossale puissance.
La flotte russe surprend, attaque et détruit avec des
forces décuples, une division turque dans un port
turc, malgré la promesse faite par le Czar de rester
sur la défensive ; et il ose, après avoir fait chanter
un *Te Deum* pour ce guet-à-pens de pirate, qu'il décore
du nom de victoire, il ose dire que ce combat n'est
qu'une représaille naturelle des provocations de la
flotte anglo-française.

Enfin, depuis un an, depuis que le Czar a de nouveau soulevé cette question d'Orient, si grosse de
tempêtes, tous ses actes, toutes ses paroles sont venus
tour à tour prouver qu'un orgueil immense, une ambition effrénée, un esprit de ruse et d'audace large-

ment organisé forment le caractère de ce souverain.
On sait aujourd'hui, à n'en plus douter, toutes les
illusions à cet égard sont disparues, la publicité
donnée par le cabinet anglais à la correspondance
confidentielle de son ambassadeur à Saint-Pétersbourg le prouve avec une entière évidence; on sait
que le Czar Nicolas veut fortement depuis longtemps avoir la gloire de terminer la conquête de
l'empire ottoman, commencée il y a près de deux
siècles.

Demi-Dieu, aux yeux des millions d'esclaves et des
courtisans qui l'environnent, Nicolas a pris au sérieux
ce rôle ; il se croit d'une nature surhumaine ; il est
persuadé, tant la flatterie a troublé ses facultés, que
tout doit plier devant sa volonté, que rien ne peut
l'arrêter dans l'exécution de ses projets ; aussi, à l'é-
tonnement de ceux qui ne le connaissent pas, ne
craint-il pas de braver les deux plus puissants États
de la terre, de heurter brutalement les tendances pacifiques des nations, de méconnaître les lois de la civilisation : un demi-Dieu n'est-il pas au-dessus des
devoirs imposés aux hommes ?

Ainsi, malgré les efforts réitérés des quatre grandes
puissances, de la France et de l'Angleterre surtout,
une guerre formidable va commencer aux premiers
jours du printemps. Au moment où la nature va se
réveiller, où le soleil versera ses dons sur la terre,
où les campagnes se couvriront de fleurs et de fruits,
où de riches moissons étaleront leurs trésors, riantes
promesses de bien-être et de joie, alors, par le ca-

price d'un homme, des millions d'hommes seront arrachés aux doux travaux de la terre et seront entraînés sur les champs de bataille ; toutes les richesses des nations, au lieu de se consommer paisiblement au foyer domestique, de se transformer en créations utiles, sources nouvelles et toujours plus abondantes, de richesse et de bonheur, tout ira se fondre en matériel de guerre, en instruments de destruction, et pourrir avec des monceaux de cadavres au milieu des campagnes ravagées, des villes ruinées. Tels seront les résultats de la volonté d'un seul homme, de l'autocrate Nicolas.

Le sort en est jeté ! Nicolas a voulu la guerre, que la guerre se fasse donc, mais qu'elle se fasse énergique, rapide, décisive ; qu'elle emprunte au génie et à la science de l'occident tout ce qu'ils peuvent lui apporter ; qu'elle ne recule pas devant l'emploi des plus puissants agents de destruction. Les nations civilisées ont devant elles un nouvel Attila, un fléau de Dieu, qu'elles le frappent sans pitié comme le chef des Huns a été frappé dans les champs catalauniens, qu'elles repoussent le barbare et ses hordes au sein des vastes steppes de l'Asie centrale ; ce fut leur berceau, que ce soit aussi leur tombeau. Il est temps d'en finir avec cette Russie, qui depuis un siècle et demi menace l'Europe de ses Cosaques et de son knout ! souvenons-nous des paroles de Napoléon à Sainte-Hélène, n'attendons pas que les cinquante années de la prédiction du grand homme soient accomplies pour ôter à la Russie le pouvoir et le désir de régner sur nous. Elle nous pousse à la guerre, que les maux de la guerre retombent sur elle.

Mais reprenons où nous l'avons laissée dans notre deuxième lettre, cette esquisse historique qui démontre si clairement l'avidité et le machiavélisme de la politique russe.

II.

Pendant que Catherine II, surnommée la grande, s'emparait, par la ruse et par la violence, du sol de la Crimée, pendant que son favori Potemkin en faisait décimer les habitants, des agents russes agitaient auprès des princes de Géorgie, d'Imiréthie et de Mingrélie, les fils les plus déliés de leur cauteleuse diplomatie ; ils entouraient ces petits souverains de mille séductions, ils les berçaient des plus douces promesses, ils voulaient les amener à présenter eux-mêmes leurs têtes au joug couvert de fleurs qu'on leur présentait.

On s'adressa d'abord au prince de Géorgie, Héraclius. Les agents russes cherchèrent à lui persuader que, menacé à la fois par la Perse et par la Turquie, il n'y avait de salut pour lui que dans une alliance intime avec la Russie ; qu'il devait donc envoyer une ambassade à l'impératrice et lui demander sa protection. Puis ils étalèrent devant le prince, a demi gagné, les nombreux avantages qui résulteraient pour lui d'une alliance avec Catherine, des secours certains en cas de danger, le titre de roi, sans doute. Cette dernière promesse décida Héraclius ; l'ambassade fut envoyée, l'impératrice confirma les paroles de ses agents, et le traité de Géorgiewsk fut signé le 24 juillet 1783. Par ce traité, Héraclius reconnaissait la suzeraineté de la Russie, à charge par elle de le protéger contre toute attaque de la part de la Perse ou de la Turquie. Catherine donnait à ce prince le titre de roi et le garantissait à ses descendants. Pour compléter la comédie, l'envoyé de l'impératrice remit en grande pompe à Héraclius une magnifique couronne royale. De ce jour la Russie put compter la Géorgie comme une de ses provinces.

Le prince d'Iméréthie, Salomon, que circonvenaient en même temps les agents de Catherine, se montra beaucoup plus difficile à convaincre. Le titre de roi, si attrayant cependant, qui a ébloui et troublé tant de cerveaux humains, dont la possession a fait commettre tant de crimes, ce titre ne séduisait qu'à demi le prince Salomon ; il fallut y joindre la menace d'une invasion pour lui arracher l'hommage et le serment de fidélité à l'impératrice.

La Mingrélie, que les armes russes avaient touchée deux fois déjà ; la Mingrélie, occupée et soumise de fait, resta dans la même situation. Le gouvernement russe se contenta pour le moment de surveiller de plus près le prince régnant Katsi-Dadian, qui semblait regretter quelquefois son ancienne indépendance.

La Turquie, justement irritée de l'envahissement de la Crimée, de la suzeraineté imposée aux trois petits états transcaucasiens, de l'accumulation des troupes russes dans les provinces méridionales du

Don, du Dnieper et sur la ligne du Caucase, ce qui annonçait clairement de nouveaux projets de conquête, la Turquie adressa de vives réclamations au gouvernement de Saint-Pétersbourg sur ces nombreuses infractions aux traités. Le cabinet russe ne donnant aucune satisfaction aux griefs de la Porte, le sultan se décidait à en appeler de nouveau au sort des armes, quand l'intervention de la France vint arrêter une déclaration de guerre qui eût, sans doute, été fatale à l'empire ottoman. Cette médiation amena la convention signée à Constantinople en 1784. Ce traité, chèrement payé par la Turquie, donnait à la Russie la possession légale de la Crimée, de l'île de Taman et d'une grande partie du Kouban.

En témoignage de la joie que lui causaient ces nouvelles conquêtes accomplies par Potemkin, Catherine donna à cet ancien favori le surnom de Taurique, et de plus, disent les mémoires du temps, le titre secret d'époux. Un manifeste publié le 8 avril 1785 annonçait en même temps à ses sujets cette augmentation du territoire de l'empire. Cette prise de possession, disait Catherine, était devenue nécessaire pour le bonheur même des populations. Il était du devoir de l'impératrice de rétablir le calme depuis longtemps troublé dans ces contrées, et d'améliorer le sort des habitants. La fourberie peut-elle aller plus loin ?

Ce nouveau pas fait, Catherine se prépara aussitôt à profiter des intrigues de ses agents dans les provinces transcaucasiennes et à s'en emparer définitivement. Les troupes qui occupaient la ligne du Kou-

ban et du Terek étaient nombreuses et bien organisées;
mais il fallait leur faire franchir le Caucase avec tout
leur matériel de guerre. La route explorée déjà par
la vallée du Terek, les environs du mont Kasbek et le
défilé de Dariel, était à peine ébauchée; Paul Potemkin
fut chargé de la terminer; mais pour déguiser cet
important dessein, qui aurait pu exciter des craintes
parmi les tribus indépendantes du Caucase, le général
devait en même temps, comme ambassadeur, porter
au nouveau roi de Géorgie la ratification du traité
d'alliance conclu avec lui. Paul Potemkin établit d'a-
bord le point de départ de cette route militaire. Ce
point fut une ville fondée depuis peu sur le Terek,
près du confluent de la Macka, Ekaterinograd. Potemkin en fit, en 1785, la principale forteresse de
cette ligne. Les autres lignes furent aussi consolidées
et formèrent un système complet de défense contre les
tribus qui couvrent le versant européen de la chaîne
caucasienne.

Pendant deux années, 1785 et 1786, la Russie
s'occupa fort activement de l'exécution de la route militaire d'Ekaterinograd à Tiflis. La flottille de la Caspienne fut considérablement augmentée. De nombreux
armements eurent lieu dans les ports d'Azov, de Taganrog et de Kherson ; des troupes arrivèrent successivement dans les provinces de la mer Noire ; il fut
facile de prévoir, à ces immenses préparatifs, que
Catherine avait conçu de vastes projets de guerre et
qu'elle méditait de nouvelles conquêtes. Depuis la paix
conclue à Constantinople en 1784, paix qu'elle ne

pouvait violer immédiatement sans attirer sur elle le blâme général, la Perse avait été l'objet principal des convoitises de Catherine. Cet État, que désolaient toujours les révolutions, les discordes intérieures, lui semblait une proie facile à saisir ; dans ce but, elle donnait des secours à l'un des partis qui se disputaient le pouvoir, mais, déçue dans son espoir, elle revint à la Turquie et se prépara à l'attaquer malgré les traités.

Au printemps de 1787 tous les préparatifs de guerre étaient terminés. Le feld-maréchal prince Potemkin se préparait à recevoir sa souveraine, qui désirait visiter ses nouvelles conquêtes avant de mettre ses armées en mouvement. Ce voyage de Catherine dans la Russie méridionale et en Crimée, qui avait repris son ancien nom de Tauride, est, on le sait, le plus grand effort connu de la flatterie d'un courtisan envers une tête couronnée. Nous ne raconterons pas ce fastueux et mensonger voyage qui semble une page échappée aux contes des Mille et une nuits ; il fut la préface d'une nouvelle guerre injuste, comme la Russie en a tant à se reprocher.

En face de ces immenses apprêts militaires, des desseins hautement avoués pendant le voyage en Crimée de chasser entièrement les Turcs de l'Europe, desseins confirmés par des conférences entre la Russie, l'Autriche et la Pologne, par l'entrevue de Joseph II et de Catherine à Kherson, où, sur l'une des portes, Potemkin avait gravé cette inscription caractéristique : « Chemin de Bysance; » en face de ces faits, le gouvernement ottoman ne pouvait, sans danger, sans abdiquer son rang, rester dans le silence ou dans l'inaction. Ce n'était pas tout encore, de nombreux agents russes parcouraient les provinces de la Turquie et semaient abondamment sur leur passage les excitations à la révolte. Le sultan ne pouvait, sans aveuglement, conserver aucun doute sur les intentions de la Russie. Il s'agissait en effet d'une guerre à outrance, où l'existence même des Ottomans, comme nation, était mise en question. Ainsi provoqué, le sultan se décida à faire bravement face au danger. Abdul-Hamid régnait encore. Il prit fièrement l'initiative et déclara la guerre à son implacable ennemie, en adressant toutefois un manifeste aux souverains de l'Europe, où il exposait la conduite continuellement hostile du gouvernement russe. Il faisait en même temps un appel à tous les musulmans pour soutenir cette lutte inégale.

Afin de s'assurer au moins la neutralité des puissances occidentales, pour ne pas être dérangée dans son œuvre de conquérante, Catherine, comme son digne héritier le fait devant nous, avait entamé des négociations secrètes avec les cabinets des grands États et leur avait promis, à tous, une large part dans le partage de l'empire ottoman ou de notables compensations territoriales sur d'autres points. L'Autriche devait avoir la Croatie, l'Herzégovine, la Bosnie et la Servie. La Prusse devait s'agrandir à l'ouest et au nord ; la Pologne avait reçu dans la personne de Poniatowski, ancien ami de Catherine et roi par elle des débris de ce royaume, la formelle promesse d'une reprise de son ancien territoire. La Russie prenait la frontière du Danube et devait, avec le reste de la Turquie, former un nouvel empire grec, destiné au grand-duc Constantin, fils de Paul, qui venait de naître.

Catherine n'oublia pas d'appeler la France et l'Angleterre au partage de la curée. A la première on proposa l'Égypte, quelques agrandissements sur le Rhin et du côté des Alpes. On promit aussi l'Égypte à l'Angleterre, à qui elle convenait admirablement pour ses communications avec l'Hindoustan._

Avant de commencer les hostilités, Catherine ne manqua pas de publier un manifeste où elle déclarait effrontément, ainsi que le Czar actuel, qu'elle faisait la guerre malgré elle et seulement pour répondre à l'agression de la Porte ottomane. Elle annonçait à ses sujets, toujours comme aujourd'hui, que les Turcs menaçaient la religion de la Russie, que la guerre qui allait commencer était une guerre sainte, une croisade contre les ennemis du christianisme orthodoxe.

Malgré les promesses, les assurances, les séductions que sema si largement Catherine autour d'elle, un intérêt plus grand domina la situation qu'elle voulait faire à l'Europe. L'intérêt général étouffa les secrètes ambitions des gouvernements du nord et de l'occident. Ils comprirent tous que laisser la Russie chasser les Turcs de l'Europe et s'installer à Constantinople, c'était accepter, dans un temps prochain, la suprématie politique de la Russie, lui donner une

suzeraineté réelle sur les autres nations. La Suède
manifesta la première son opposition, en s'alliant à
la Turquie et en attaquant les Russes. La Prusse,
qui n'avait rien dit jusque-là, fit entrer une armée
en Pologne et conclut aussi une alliance avec la
Porte. En conseillant à l'Autriche de ne pas se faire
l'auxiliaire de la Russie, la France alla plus loin ;
elle lui fit comprendre que le moindre mouvement de son armée en faveur de la Russie serait
pour elle un cas de guerre. L'Angleterre enfin envoya des secours à la Porte, causa une foule d'embarras à la marine russe, et menaça la Baltique de
l'entrée d'une flotte si la Russie allait plus loin.

Pendant ces préparatifs et ces négociations, le
traité de Tiflis, signé avec la Porte en 1787, donnait
à la Russie le pays des Ossettes, le Daghestan, une
partie du Chirvan au nord du Kour, et quelques districts de la Géorgie. La Russie prenait donc ou voulait prendre à la fois de tous côtés ; ses intrigues en
Perse avaient en partie réussi.

Les démonstrations de l'Europe n'empêchèrent
pas la guerre d'éclater, en 1787, entre les deux
puissances. Elle continua avec des succès variés,
presque toujours cependant à l'avantage de la Russie ;
mais le théâtre des hostilités fut, sauf quelques
combats entre l'Autriche et la Turquie sur le
Danube, en grande partie concentré entre le Dniester, le Bug, et dans les provinces du Caucase, sur
les côtes de Circassie, où les Russes enlevèrent, en
1791, Anapa et Soudjouk-Kalé. Enfin les gouverne-

ments de l'Europe manifestèrent si hautement le désir de voir la Russie s'arrêter ; la Prusse et la Suède menaçaient si vivement les provinces conquises sur la Pologne, que Catherine écouta les propositions de médiation faites par les cours de Londres, de Berlin et de la Haye. La Révolution Française, qui éclatait alors, attirait trop sérieusement, d'ailleurs, l'attention de tous les gouvernements, et de la Russie elle-même, pour que la lutte avec la Turquie pût se prolonger. En face de ce grave mouvement d'une grande nation, le cabinet de Saint-Pétersbourg dut remettre à un autre temps l'accomplissement de ses projets sur l'empire ottoman, et se contenter des quelques bribes que le traité de Jassy lui donna.

Ce traité, signé le 9 janvier 1792, avança la frontière de l'Empire russe du Bug au Dniester, lui donna ainsi plusieurs ports sur la mer Noire, le lieu entre autres où fut élevé Odessa ; il confirma les droits et priviléges assurés par les précédents traités, sous la protection de la Russie, aux principautés danubiennes. Du côté du Caucase, le traité ratifia la possession de la Crimée et reconnut la suzeraineté de la Russie sur la Géorgie, l'Iméréthie et la Mingrélie. Les Russes rendirent Anapa et Soudjouck-Kalé, à la condition que les Turcs empêcheraient les incursions des tribus de la rive gauche du Kouban et du Terek sur le territoire russe.

Ce fut alors qu'un plan d'invasion des Indes, par Khiva, Bockhara et Cachemire, fut présenté à Catherine par un prince de Nassau et très bien accueilli ;

mais le moment n'était pas favorable pour en commencer l'exécution ; l'Occident appelait l'attention
de la Russie ; Catherine avait hâte, en amoindris-
sant de nouveau la Pologne, de faire un pas de plus
vers l'Allemagne, et de se rapprocher de cette France
dont la Révolution prenait des proportions effrayantes.
Catherine rappela donc ses armées du Caucase, des
bords du Dniester, et les fit entrer en Pologne.

Le prétexte d'intervention avait été facilement
trouvé. La diète polonaise avait pris, depuis 1790,
la liberté grande de travailler sérieusement à l'amélioration politique et sociale de la nation, à répandre
l'instruction et e bien-être dans les classes populaires, à éteindre enfin tous les germes de discorde
si funestes au pays, en donnant une nouvelle constitution qui pondérait parfaitement les pouvoirs de
l'État et rendait la couronne héréditaire dans la
famille de Frédéric-Auguste , électeur de Saxe, fils
du dernier roi. Ces sages institutions, qui devaient
ramener le calme dans ce malheureux royaume et
ôter tout motif à l'intervention étrangère, ne faisaient
pas le compte de Catherine, qui voulait intervenir.
Elle se fâcha donc de ce que la Diète avait osé, sans
son consentement, changer les institutions de l'État,
suscita des désordres, et sans plus attendre envahit
la Pologne, que cernaient de leur côté les armées de
la Prusse et de l'Autriche. La Pologne, facilement
vaincue, dut subir un second déchirement. Catherine
appela la Prusse seule à ce partage ; il lui fallait au
moins un complice dans ce nouveau crime de lèze-

nation. La Prusse reçut la Grande-Pologne, l'Autriche n'eut que des promesses cette fois. La Russie prit, par le traité de Grodno du 22 juillet 1793, les palatinats de Podolie, de Braclavie et de Kiôvie, les restes de ceux de Polotzk et de Minsk, partie de celui de Vilna, moitié de ceux de Novogrodeck, de Brzesk, en Lithuanie, et de Wolhynie.

Après ce deuxième partage, Catherine se prépara à agir contre la France, déjà attaquée par la première coalition, mais sans quitter du regard l'Orient et le Midi, où l'appelaient ses plus chers intérêts politiques et commerciaux. La ligne militaire du Caucase se fortifiait de jour en jour ; une chaîne de forteresses, de forts et de postes couvrait toute la largeur de l'isthme de l'embouchure du Kouban à celle du Terek ; des forces considérables occupaient cette ligne qui se reliait, par la route militaire du défilé de Dariel à travers le pays des Ossettes, aux provinces transcaucasiennes récemment soumises.

L'anarchie qui régnait en Perse depuis la mort de Kérim-Khan, en 1779, avait jusque-là favorisé les envahissements de la Russie; mais Aga-Mohammed-Khan, qui venait de prendre le sceptre (1794), songea à reconstituer la Perse et à lui rendre les provinces qu'on lui avait enlevées ou qui s'étaient soumises à des puissances étrangères. La Géorgie occupa d'abord Aga-Mohammed ; il voulut punir Héraclius d'avoir accepté, sans résister, la suzeraineté de la Russie. Il rassembla, en 1795, une puissante armée à Téhéran, marcha sur Tiflis, battit Héraclius qui voulut défendre sa capitale, prit la ville et la livra au pillage, ainsi que tout le pays.

Irritée de cet acte de vengeance, enchantée peut-être en même temps d'avoir un motif de porter ses armes en Perse, Catherine déclara aussitôt la guerre à Aga-Mohammed-Khan. Au commencement de l'année suivante une armée russe considérable, commandée par Valérien Zouboff, traversa le Terek et marcha le long de la Caspienne, pour pénétrer en Perse par cette route peu connue encore. Malgré les attaques fréquentes des Lesghis et des Tchetchens, qui couvrent de leurs tribus le revers oriental du Caucase, les Russes arrivèrent à Derbent, qui fut emporté d'assaut ; toute la côte fut franchie jusqu'à Kouba, qui se rendit ainsi que Bakou, ce qui entraîna la soumission du Daghestan et du Chirvan.

Le deuxième partage de la Pologne n'avait pas entièrement satisfait la soif de conquêtes de Catherine; elle voulait en finir au plus tôt avec cette nation qui gênait ses mouvements à l'occident. Elle fit éclater en 1794 une nouvelle insurrection, afin de motiver une nouvelle intervention. Souwarof commandait l'armée d'invasion. Les gouvernements de la Prusse et de l'Autriche avaient aussi envoyé chacun une armée pour cerner les Polonais, empêcher tout secours extérieur de leur arriver, et les combattre au besoin. Malgré les héroïques efforts de Kosciusko, la victoire resta du côté des gros bataillons. Que pouvaient 30,000 Polonais mal armés, contre 120,000 Russes ? Après avoir, dans cent combats, lutté avec la plus in-

trépide valeur, les Polonais furent enfin vaincus à la
bataille de Maciejowice. Ceux qui survécurent à cette
sanglante journée se réfugièrent à Praga, faubourg
fortifié de Varsovie, où Souwarof les assiégea bientôt,
emporta la ville qu'il livra au pillage, puis le faubourg, dont les habitants et la garnison furent impi-
toyablement égorgés ; plus de 20,000 âmes, femmes,
enfants et vieillards, tombèrent victimes de cette barbare soldatesque.

La nouvelle de cet affreux massacre causa une vive
joie à Catherine : « Je suis vengée, s'écria-t-elle, les
Polonais sont exterminés ! » Et aussitôt elle donna
des ordres pour achever l'asservissement de la malheureuse Pologne. Un ukase du 3 janvier 1795 prononça la destruction et le partage définitif de cet État.
La Russie prit la plus large part ; elle laissa la Gallicie à l'Autriche, et quelques districts sur la Baltique
à la Prusse. Ainsi fut accompli, à la face de l'Europe,
un acte que l'histoire ne peut trop sévèrement quali-
fier.

Après cet assassinat politique de la Pologne, Catherine songea à la France. Elle voulait à tout prix
étouffer cette liberté naissante, ces principes libéraux
dont elle redoutait le contact pour son empire. Elle
accueillit et encouragea tous les ennemis de la Révolution française, elle fournit de nombreux secours à
la croisade qui s'organisait contre la France ; elle mit
même une flotte de douze vaisseaux et huit frégates
à la solde de l'Angleterre, notre rivale alors.

Mais cette préoccupation ne faisait pas perdre de

vue à l'Impératrice un théâtre où des succès plus
certains l'attendaient : la Perse et la Turquie étaient
plus faciles à vaincre que la France. Le général
russe Valérien Zouboff o cupait alors le Daghestan,
le Chirvan et continuait ses conquêtes au sud. A l'au-
tomne de 1795 il franchissait le Kour et prenait ses
quartiers d'hiver à Moughan. Au printemps de 1796,
Zouboff reprit les armes, envahit le Ghilhan et s'empara des principaux ports de cette province persane.

Catherine se préparait en même temps à poursuivre
l'exécution de sa pensée la plus chère, l'expulsion des
Turcs de l'Europe et la prise de Constantinople. Les
circonstances lui semblaient très favorables ; la France
attirait toute l'attention des puissances occidentales
et occupait toutes leurs forces militaires. Rien ne devait donc mettre obstacle aux projets de Catherine.
Les préparatifs d'envahissement des provinces du
Danube se terminaient, la flotte de la mer Noire était
prête ; l'Impératrice jouissait par avance des succès
de son armée, quand, le 6 novembre 1796, après
une joyeuse conversation, elle fut frappée de mort
subite, fin trop douce après une telle vie !

III

La mort de Catherine arrêta pour un temps les conquêtes de la Russie au midi. L'un des premiers actes
de Paul Ier, fils de Catherine, fut un ordre au général
Zouboff, alors dans le Ghilhan, d'abandonner les provinces qu'il occupait et de rentrer avec son armée sur

le territoire russe. Ce mouvement rétrograde se fit au
moment où Mohammed, shah de Perse, qui venait de
soumettre la Géorgie, accourait pour chasser les
Russes des provinces du littoral de la Caspienne;
cette évacuation eut donc l'apparence d'une fuite.

La Russie ne pouvait cependant accepter en silence
la perte de la Géorgie. On décida le czar Paul, en
1797, à y envoyer une armée. D'après le traité de
Georgiewsk, signé en 1783, cette armée était, en
apparence, un secours qu'on donnait à Héraclius,
roi allié de la Russie, contre la Perse; mais c'était
bien pour reconquérir cette province et l'annexer au
plus tôt à l'empire. La mort de Mohammed-Khan,
arrivée au moment de l'invasion russe, auquel
succéda le faible Feth-Ali; la mort du roi Héraclius, qui eut lieu peu après, en 1798; les sanglantes
dissensions qui la suivirent, ainsi qu'une formidable
irruption des Lesghis, tribus très indociles et très
braves du versant nord-est du Caucase, dont nous
avons déjà parlé, tous ces faits vinrent fort à propos
motiver l'invasion de l'armée russe et aider aux projets du gouvernement de Pétersbourg. Malgré le
traité qui assurait la couronne aux descendants d'Héraclius, son fils, Georges XI, fut dépossédé par un
ukase de Paul Ier, en 1799, et la Géorgie fut définitivement incorporée à la Russie. Pour consoler l'héritier déchu, on lui donna le grade de général dans
l'armée du czar, on le couvrit de cordons, on lui accorda de riches pensions qu'il eut la bassesse d'accepter. Dès ce moment, il devint l'objet du mépris de

ses concitoyens, et mourut de chagrin peu après.

Pendant que les armes et la ruse ajoutaient la Géorgie à l'empire russe, Paul Ier, grand partisan des vieilles mœurs moscovites, de l'absolutisme le plus complet, et qui avait hérité de la haine profonde que sa mère portait au nom français, Paul prit une large part à la deuxième coalition qui se formait alors contre la France. En 1799, l'armée qui avait été rassemblée en Gallicie quatre ans auparavant, et que commandait encore Souwarof, reçut l'ordre de marcher sur l'Italie, où combattaient alors les Français et les Autrichiens. L'armée russe, forte de 50,000 hommes, opéra sa jonction avec l'armée autrichienne, qui comptait 40,000 hommes, près-de Vérone. Ces 90,000 soldats avaient en face 30,000 Français sans vivres, sans habits et presque sans munitions.

On connaît trop bien les résultats de cette première lutte des Russes contre les Français pour que nous ayons besoin de la raconter en détail. Battus d'abord sous Moreau, sous l'inepte Schérer, les Français ne tardèrent pas à prendre une éclatante revanche, à détruire en grande partie et à repousser au loin ces barbares fanatisés qui venaient, au nom de la foi, de la doctrine orthodoxe, comme aujourd'hui, pour exterminer les mécréants. Une seconde armée russe, plus nombreuse que la première, amenée par Korsakoff, à laquelle Souwarof chercha à se réunir avec les débris de la sienne, fut également battue. Ce fut Masséna qui, à Zurich, quoique beaucoup moins fort que l'ennemi, eut cette gloire après une lutte acharnée de deux jours. Souwarof n'arriva au secours de Korsakoff que pour apprendre sa défaite complète et être forcé de battre en retraite devant Masséna avec les 12,000 hommes qui lui restaient. L'expédition que les Russes faisaient en même temps en Hollande n'avait pas plus de succès. Après quelques combats où la baïonnette et l'artillerie françaises firent une ample moisson de ces soldats, le général Brune acheva de les vaincre à Castricum, et les força à capituler.

Ces désastres multipliés excitèrent une violente colère dans l'âme de Paul. Ignorant et despote, il ne savait pas qu'un peuple est invincible quand l'amour de la patrie l'anime. Il ne savait pas que la France était une terre de héros. Paul vengea son orgueil humilié, la gloire de ses armes compromises, sur les officiers des armées vaincues; tous furent disgraciés, cassés ou flétris. Cet acte de violence augmenta beaucoup les nombreux mécontentements que causait le caractère bizarre du czar, et qui semblaient présager dès lors une catastrophe prochaine : on parlait déjà de sa folie et de la nécessité de le forcer à signer son abdication.

La Russie, ainsi engagée dans une lutte sérieuse contre la plus grande puissance militaire de l'Occident, avait été forcée de faire la paix avec la Turquie, et l'avait même engagée à entrer dans la coalition contre la France. La Turquie avait été d'abord fort disposée à rester unie avec la France, sa plus ancienne et sa plus fidèle alliée, malgré les changements

politiques amenés par la révolution ; elle était disposée même à profiter des embarras que la guerre
avec la France causait à la Russie pour attaquer
cette puissance et essayer de reprendre les provinces qu'elle lui avait enlevées. Le sultan Sélim,
secondé par des ingénieurs français, se préparait
avec ardeur, en 1796, à cette nouvelle lutte, sûr
de l'appui de la Perse, qui, dans une situation
analogue, voulait aussi mettre à profit les circonstances pour reconquérir ses provinces du Caucase.
Mais cette bonne intelligence entre la France et la
Turquie fut détruite par la prise des îles Ioniennes,
en 1797, et par les préparatifs de l'expédition d'É-
gypte, que la Turquie crut d'abord destinée pour la
Morée.

Effrayée de la position des Français à Corfou, en
face des rivages de la Grèce, et du départ de la flotte
française de Toulon, la Turquie écouta les propositions d'alliance de la Russie et de l'Angleterre. Les
premiers succès de Bonaparte sur la vieille terre des
Pharaons, ses rapides et miraculeuses victoires ache-
vèrent de décider le sultan. La paix fut donc signée
entre les deux États, et peu après, le 5 janvier 1799,
un traité d'alliance fut conclu entre la Porte ottomane, la Russie et l'Angleterre pour combattre la
France dans la Méditerranée et sur les bords du Nil.
La Turquie entra ainsi dans la coalition, et unit ses
forces à celles de son éternelle ennemie, la Russie,
pour repousser un danger qui semblait imminent.

On vit donc, chose bizarre, la croix gréco-russe

et le croissant, depuis si longtemps ennemis, naviguer
de concert sur la mer Ionienne et attaquer ensemble
quelques centaines de Français qui occupaient Corfou. Ce ne fut qu'après de rudes et glorieux combats
que la petite troupe, accablée par le nombre, se décida, en 1799, à capituler avec les honneurs de la
guerre. Mais, après l'évacuation, la Turquie ne prit
pas, comme elle le croyait, possession des Sept-Iles,
cette ancienne annexe de l'empire d'Orient, devenue la
proie de Venise. L'autocrate russe voulut que les Sept-
Iles devinssent une république indépendante, sous sa
protection ; c'était un jalon qu'il posait pour l'avenir, un précieux point d'appui qu'il se préparait pour
agir sur la Grèce, pour pénétrer dans la Méditerranée. La Russie voulut bien mettre, par convenance,
sur l'acte de création de la république des Sept-Iles,
le nom de la Turquie à côté du sien, comme protectrice, mais elle ne fut pas moins l'arbitre unique du
nouvel État.

Paul Ier croyait avoir alors beaucoup à se plaindre
de l'Angleterre. Le cabinet de Londres lui avait refusé, quelque temps auparavant, d'une manière à
blesser ce cœur irritable, de restituer l'île de Malte à
l'ordre dont Paul venait d'accepter la grande-maî-
trise. L'insuccès de l'expédition russe en Hollande,
la destruction ou la prise de son corps d'armée, qu'il
attribuait à la mauvaise volonté de la flotte anglaise,
déterminèrent sinon une rupture, du moins un sérieux
refroidissement entre les deux puissances. L'union
étroite que contracta Paul avec les États scandinaves,

l'admiration qui, chez cet homme capricieux et fantasque, avait succédé pour la France à une haine profonde, accrurent encore cette mésintelligence. Les immenses succès de Bonaparte, son génie militaire tout à fait hors ligne, avaient séduit Paul à un tel point qu'il ne songea plus qu'à se lier avec le jeune héros. A la suite de la célèbre victoire de Marengo, le 14 juin 1800, il conseilla à l'Autriche vaincue de faire la paix avec la France, et lui fit signer, le 9 février 1801, le traité de Lunéville.

Cet amour subit et prononcé de l'empereur Paul pour le chef de la république française lui devint bientôt funeste. Le czar avait froissé plusieurs fois déjà, par quelques actes, les sentiments ou les intérêts des grands. Ceux-ci songèrent à se venger de leur maître comme se vengent des barbares; ils organisèrent une conspiration de palais, et le 23 mars 1801, à minuit, au-dessus de la chambre où son fils Alexandre était couché, Paul 1er fut étranglé, après une longue lutte, par les amis du grand-duc héritier.

IV

Les projets du czar Pierre le Grand, si habilement développés par Catherine, interrompus pendant le court règne de Paul, reprirent leur essor sous le nouvel empereur. Augmenter incessamment les forces militaires et navales de l'empire, emprunter à la civilisation tout ce qui pouvait contribuer au développement de la puissance matérielle de la Russie, peser de plus en plus sur les gouvernements de l'occident, tout en étendant ses relations, son influence à l'orient et au midi, tel fut le programme politique d'Alexandre Ier, et il se mit immédiatement à l'œuvre.

Si nous avions ici à nous occuper des actes intérieurs de la Russie, nous dirions que le fils de Paul améliora, sous beaucoup de rapports, les lois et l'administration de son pays; qu'il fit beaucoup pour l'instruction et le bien-être de ses sujets; qu'il encouragea l'agriculture, l'industrie et le commerce, ces sources de la véritable richesse des nations. A part cette justice rendue, nous ne devons parler ici que de l'action politique et militaire de la Russie sur les nations qui l'environnent.

La prépondérance continentale à laquelle marchait la France ne pouvait, pas plus que la prééminence maritime de l'Angleterre, s'accorder avec les plans du czar; mais, ne pouvant combattre à la fois ces deux puissances, il s'attaqua d'abord à celle qui le pressait de plus près, à la France. Cependant la rupture des relations amicales, ouvertes par Paul, ne se fit pas immédiatement. On put même croire, d'après une lettre autographe du Czar au Premier Consul, que la paix serait maintenue à l'occident. Alexandre voulait seulement prendre le temps de réfléchir et de se préparer à une lutte sérieuse. En attendant, il continua le mouvement d'expansion de la Russie vers le sud-ouest. L'ukase de Paul, qui incorporait la Géorgie à l'empire, fut confirmé. Un corps d'armée, commandé par le général Tsitsianoff, Géorgien de

naissance, fut chargé d'en prendre possession.
Tsitsianoff fut nommé gouverneur-général des nouvelles provinces transcaucasiennes.

Les établissements fondés sur la mer d'Azof et sur
la mer Noire, Taganrog, Caffa, Sébastopol, Kherson,
Odessa, reçurent de notables développements et devinrent des centres très actifs de constructions navales
et d'armements. Alexandre voulait que la mer Noire
devînt un lac russe. Les lignes militaires du Kouban,
de la Kouma, de la Macka et du Terek furent consolidées par de nouvelles forteresses ; la route d'Ekaterinograd à Tiflis, à travers le Caucase, fut élargie,
rendue plus praticable. On se prépara à pénétrer à
la fois sur les deux flancs du Caucase, par les bords
de la Caspienne et de la mer Noire, de manière à
forcer toutes les tribus à se soumettre.

Le Turkestan, cette route convoitée de la Chine et
des Indes, ne fut pas oubliée. Des agents politiques
furent envoyés auprès de tous les chefs des trois
hordes de Khirghis, des khans de Khiva, de Bockhara et de Balkh. Pendant que des navires exploraient la Caspienne et reconnaissaient son rivage
oriental jusqu'à l'embouchure de l'Atrak, d'autres
étudiaient le lac Aral et pénétraient dans les deux
grands fleuves qui s'y jettent, le Sir-Daria ou Iaxar-
tes, et l'Amou - Daria, ou Oxus. Des ambassades
cherchèrent, mais vainement, à se faire recevoir en
Chine et au Japon ; d'autres plus heureuses, allèrent
étudier la Perse, l'Afghanistan et le Pendjab, où,
selon Alexandre, les armes de la Russie devaient heur-

ter un jour celles de l'Angleterre et se disputer la possession de l'Hindoustan. Dans ce nouvel essor donné à l'activité russe par le jeune empereur, la Sibérie elle-même ne fut pas négligée. Depuis l'invasion de 1580, la puissance russe s'était étendue successivement sur toutes les contrées situées au nord de la Tatarie, de la Mongolie et de la Mandchourie, depuis la chaîne de l'Oural jusqu'au détroit et à la mer de Behring ; au-delà, par les îles Aléoutiennes et par le détroit, elle s'était installée sur le continent américain et l'envahissait rapidement.

Mais retournons quelques instants au delà du Caucase. Nous avons vu le général russe Tsitsianoff s'installer en 1802 à Tiflis, comme gouverneur général de la Géorgie pour le czar. Ses instructions secrètes lui donnaient une mission plus large ; la prise de possession était à peine accomplie, qu'en 1803 un corps russe pénétrait en Mingrélie, forçait le prince Dadian à se soumettre, et occupait ce pays. Il fit presque aussitôt une expédition contre Ganja et prit cette forteresse d'assaut. En 1804 c'était le tour de l'Iméréthie d'être envahie, soumise et définitivement occupée. Le prince Salomon II, moins sage que son homonyme de la Bible, accepta le joug en échange d'une pension et de quelques cordons. Pendant ces fructueuses expéditions, on travaillait à séduire le gouverneur persan de l'Arménie, on caressait son ambition, on le poussait enfin à se déclarer indépendant, lui promettant de l'aider à asseoir son autorité.

Il est vraiment inconcevable que ce mode grossier

employ é sans cesse par le gouvernement russe pour arriver à l'absorption successive des peuples, puisse avoir encore quelques succès. Le gouverneur de l'Arménie, Mohammed-Khan, eut la bonhomie d'écouter les agents russes, il se révolta contre son souverain et joua au roi. Le shah de Perse, Feth-Ali, qui tenait le sceptre alors, ne fut pas plutôt informé de ce fait, qu'il marcha rapidement sur Erivan pour punir le gouverneur infidèle. Celui-ci, effrayé, invita aussitôt le général russe à le secourir. La paix existait depuis sept ans entre la Russie et la Perse; le shah, occupé dans l'Iran, avait laissé les Russes tranquilles possesseurs de ses provinces du Caucase; une occasion se présentait pour la Russie de pénétrer plus avant au sein d'une contrée étrangère, elle n'eut garde d'y manquer; cette expédition devait la conduire à la possession. Tsitsianoff marcha donc au secours du vassal révolté, et rencontra l'armée persane non loin d'Erivan. Les Persans furent battus et forcés de s'éloigner. Le général russe investit alors Erivan et voulut s'en emparer. Mohammed-Khan refusa sagement de se rendre, et soutint bravement le siége. L'armée persane revint alors sur ses pas, harcela si bien les Russes que, les maladies et les privations aidant, Tsitsianoff fut forcé de lever le siége et de rentrer à Tiflis.

Cette attaque injusticiable de Tsitsianoff fit éclater la guerre entre la Russie et la Perse. Mohammed-Khan mieux avisé, se soumit au shah, mais il perdit son gouvernement. Cette guerre entre les deux puissances fut longue, souvent active, mêlée de succès et de revers des deux côtés. Nous quitterons ce théâtre pour revenir en Europe, où s'accomplissent de bien plus graves événements.

La guerre contre la France, interrompue en 1801 par la paix de Lunéville et par le traité d'Amiens en 1802, s'était ranimée en 1803 entre la France et l'Angleterre. Le gouvernement russe était d'abord resté spectateur de cette nouvelle lutte, mais l'arrestation sur le sol de Bade et l'exécution du duc d'Enghien le firent sortir de cette réserve. Quelques notes hautaines d'Alexandre, présentées au sujet de cette violation du territoire allemand, dont le czar se considérait comme le protecteur né ; notes auxquelles le Premier Consul répondit plus fièrement encore, préparèrent la rupture. Cependant de nouvelles notes, selon l'usage de la diplomatie, s'échangèrent jusqu'en 1804 entre les deux cabinets, mais roides ou pleines d'aigreur.

En face de cette mésintelligence visible, qui annonçait une rupture prochaine entre la France et la Russie, la Porte renoua ses anciennes relations avec la France, en annonçant cependant, dès 1802, qu'elle voulait garder la plus stricte neutralité. Ce rôle était impossible devant les projets de conquêtes du czar, projets qui se dévoilaient de jour en jour par des faits compromettant l'indépendance ou la sûreté de la Turquie ; ainsi le cabinet de Saint-Pétersbourg, abusant de la douceur de caractère et de l'amour de la paix du sultan Sélim, suscita des troubles dans la nouvelle république des Sept-Iles pour avoir un motif d'y envoyer des troupes. Il demande alors au Divan le libre passage de ses vaisseaux de guerre par les détroits, que celui-ci eut la faiblesse d'accorder. Peu de temps après, un camp nombreux s'établissait sur les côtes de l'Épire, et 20,000 Russes débarquaient dans les îles Ioniennes; dans le même temps, vers 1803, les agents russes excitaient des troubles en Servie et pressaient Czerni Georges, chef d'une bande d'aventuriers, ou mieux, de bandits de toutes les nations, de se mettre à la tête de l'insurrection serbe et de se déclarer indépendant de la Porte, lui promettant tous les secours nécessaires pour assurer le succès de cette entreprise.

Le gouvernement russe ne bornait pas là ses tentatives de dislocation et de conquêtes contre l'empire ottoman, il voulait achever la prise de possession des provinces au delà du Caucase, et venait d'arracher à la faiblesse du sultan la permission de naviguer sur le Phase, en Mingrélie, et de bâtir des forts pour protéger le commerce russe. La position d'Anakria était fort importante, les Turcs y avaient élevé un fort; les Russes s'en emparèrent en 1804, en pleine paix, dépassant ainsi de beaucoup, et sans scrupule, la permission accordée par Selim. Ils s'occupèrent aussi de saisir quelques points militaires sur le littoral caucasien de la mer Noire et de la Caspienne, afin d'être complétement maîtres de l'isthme.

C'est en ce moment, quand le czar Alexandre travaillait ainsi à dépecer l'empire ottoman, qu'il fit proposer au sultan, de concert avec le cabinet de Londres, de signer un traité d'alliance offensive et défen-

sive contre la France. Le but de ce traité était évidemment d'empêcher la Turquie de remuer, de gêner
par une diversion inopportune l'action militaire de la
troisième coalition. Une des conditions de ce traité,
que le cabinet russe présentait au divan comme très
avantageux, était que tous les sujets de l'empire ottoman, professant le culte grec, seraient désormais sous
la protection immédiate du czar. On voit que ce n'est
pas d'aujourd'hui que les autocrates russes ont la
prétention d'être les chefs religieux, et politiques
sous-entendu, de tous les individus appartenant à
l'Église grecque, quelle que soit leur nation.

Cette prétention parut dès lors exorbitante au sultan
et aux membres du divan qui n'étaient pas vendus à
la Russie; elle annonçait si hautement la pensée de
réduire la Turquie à la plus humble vassalité, que
tous jurèrent de s'ensevelir sous les ruines de Stam-
boul plutôt que de signer ce déshonorant traité. Mais
cette généreuse résolution fut bientôt combattue vic-
torieusement par les membres du divan dévoués au
czar; ils firent comprendre au malheureux Selim que
la moindre résistance serait le signal de la chute de
l'empire. En effet, les armées russes campaient sur
les frontières, prêtes à les franchir; en huit jours le
corps d'armée d'Odessa pouvait être débarqué sous
les murs du sérail, sans qu'aucune puissance s'y op-
posât; les provinces grecques et les principautés danubiennes, travaillées par l'esprit russe, étaient en
insurrection ou prêtes à se soulever; il était donc
urgent pour le sultan, disaient ces traîtres, de se

soumettre à la nécessité, et de signer le traité.

Les événements de l'Europe occidentale vinrent heureusement en aide au sultan Selim et aux membres du divan restés fidèles à leurs devoirs. Une puissante diversion, diversion inattendue, agissait alors en faveur de la Turquie. La France occupait trop l'autocrate Alexandre pour lui laisser le temps d'insister sur ses projets de traité avec le sultan; il dut songer avant tout à sa propre sûreté. L'avénement du Premier Consul à la dignité impériale, qu'Alexandre avait refusé de reconnaître; la prise de possession de la couronne d'Italie qui suivit de près cet acte; l'incorporation de l'État de Gênes à la France, qui amenèrent une déclaration de guerre de la part de l'Autriche, entraînèrent enfin la Russie dans la troisième coalition.

Napoléon, surpris à Boulogne dans ses préparatifs de l'expédition d'Angleterre, par les traités d'alliance signés le 11 avril et 9 août 1805, entre la Russie, l'Angleterre, la Suède, l'Autriche et les Deux-Siciles, averti que deux armées autrichiennes et deux armées russes s'avançaient à marches forcées vers le Rhin et vers l'Adige, Napoléon lève le camp de Boulogne le 5 septembre. Le 1ᵉʳ octobre il franchit le Rhin à la tête de 160,000 hommes. Le 6, il passe le Danube, le 8 il bat les Autrichiens à Wertingen, le 9 à Gundebourg, le 12 à Munich, le 14 à Meningen et à Elchingen, le 16 à Langenau, le 17 à Ulm, où il força le général Mack à mettre bas les armes. Après avoir poursuivi, battu et dispersé les débris de l'armée au-

trichienne, il entra à Vienne le 13 novembre. Après
quelques jours de repos, Napoléon marcha sur l'armée
russe, qui s'avançait par la Moravie ; il la rencontra
enfin dans les plaines d'Austerlitz unie aux restes de
l'armée autrichienne. C'était le 2 décembre 1805.
La victoire la plus brillante, la plus complète termina en ce jour cette courte et glorieuse campagne.

L'Autriche, vaincue, occupée, se décida à signer le
traité de paix de Presbourg, le 26 décembre. Napoléon aurait pu facilement écraser l'armée russe et le
czar après Austerlitz ; mais, trop généreux peut-être,
il le laissa échapper et se retirer derrière la Vistule.
Il espérait sans doute que cet acte de chevaleresque
courtoisie amènerait la paix entre les deux grandes
puissances ; Napoléon se trompa. Alexandre ne sut
pas apprécier la belle conduite de son rival ; il éloi-
gna sous divers prétextes, pendant sept mois, la conclusion du traité qu'on lui offrait, n'épargnant pour
gagner du temps ni les notes, ni les contre-notes ;
enfin, lorsque son ministre plénipotentiaire, mis en
demeure de dire oui ou non, se fut décidé à signer,
le czar refusa net de ratifier ce traité. Pendant ce
temps Alexandre s'était de nouveau préparé à la
guerre et avait organisé une quatrième coalition contre
la France. Son but était atteint.

Pendant que la Russie faisait de formidables préparatifs pour attaquer de nouveau la France, le général Tsitsianoff poursuivait ses succès au sud du
Caucase. En 1805 il s'empara de la province de
Sheki, pénétra dans le Karabaugh, emporta Shisha,

son chef-lieu, marcha sur Bakou, qui avait si longtemps résisté en 1801, et qui depuis avait chassé sa
garnison russe. Tsitsianoff fut tué près de cette ville,
dans une conférence avec les assiégés. La guerre avec
la Perse continua après sa mort, mais plus mollement
de la part de la Russie ; les affaires de l'Europe absorbaient toute son attention.

Le shah de Perse entendit alors parler des victoires
de Napoléon sur les Russes. Il lui adressa au commencement de 1806 une lettre, pour lui offrir de
faire alliance avec la France contre sa puissante
ennemie. Cette lettre donna lieu, en mai 1807, à un
envoi mutuel d'ambassadeurs, à la signature d'un
traité d'alliance, et à l'introduction dans l'armée
persane d'officiers français, chargés d'y répandre
l'instruction militaire de l'Europe. Il fut aussi question entre les deux cabinets, d'un projet d'invasion
par terre de l'Inde anglaise, projet que Napoléon
avait déjà conçu dans sa campagne d'Égypte. L'Angleterre ayant eu connaissance des conférences tenues
à ce sujet, envoya immédiatement un ambassadeur
à Téhéran pour contrebalancer et miner l'influence
que menaçait de prendre la France sur la Perse. Elle
y parvint peu de temps après, puissamment aidée par
les événements.

La Turquie avait refusé de prendre part à la quatrième coalition qui se formait contre la France ; elle
avait même pris quelques mesures sévères envers un
certain nombre de fonctionnaires trop dévoués aux
intérêts russes, elle avait destitué les hospodars de

Moldavie et de Valachie, Morouzi et Ypsilanty. L'ambassadeur russe réclama aussitôt contre cette audace : le traité de Jassy mettant ces princes régnants sous la protection russe, ils ne pouvaient, selon l'ambassadeur, être destitués qu'avec le consentement du gouvernement russe. Cette étrange manière d'expliquer les traités fut appuyée par l'ambassadeur britannique avec menace de guerre ; le sultan allait céder et rétablir les princes protégés, quand il apprit que 35,000 Russes, avant toute déclaration de guerre, venaient d'entrer en Moldavie; qu'une flotte anglaise était à l'entrée des Dardanelles et se préparait à franchir le détroit pour attaquer la flotte turque, mouillée devant Gallipoli. Avant que le sultan eût pu se plaindre de ces hostilités non motivées, et commencées au milieu de négociations de paix, la flotte turque était brûlée en partie, et les principautés danubiennes complétement occupées.

Les deux grandes puissances de la coalition voulaient punir le sultan de ses sympathies pour la France; la Russie voulait en même temps continuer son système d'envahissement. La France ne fit pas défaut à la Turquie en ce pressant danger; l'ambassadeur français rassura le sultan effrayé, imprima une telle énergie, une telle activité aux travaux de défense et à l'organisation des forces militaires de la Porte, que la flotte anglaise dut se retirer. Mais, passant bientôt de la prudence à la présomption, la flotte turque osa sortir du détroit qui la couvrait ; rencontrée à la hauteur de Ténédos par l'escadre russe de l'amiral Sinia-

vin, elle fut battue et à peu près détruite dans deux
combats successifs.

Mais revenons à la quatrième coalition, ourdie par
le czar, trop oublieux de la générosité de Napoléon
envers lui après Austerlitz. On sait comment l'Empereur des Français répondit au rejet, par Alexandre,
du traité qui devait suivre la paix de Presbourg, et
comment il reçut l'arrogant ultimatum que lui adressait le cabinet de Berlin en septembre 1806. Ardent,
impétueux, confiant en son génie, en sa destinée,
Napoléon veut prévenir, gagner de vitesse ces trois
puissances qui marchent sur lui. Aux premiers jours
d'octobre, Napoléon quittait Paris. Rapide comme la
foudre, il atteint et culbute d'abord un corps prussien qui avait envahi la Saxe, pénètre au centre de
la Prusse, rencontre l'armée ennemie, l'écrase le 14
à Iéna, le 16 à Erfurth, entre le 25 à Berlin, et, après
quelques jours de repos, vole au-devant de l'armée
russe. Le 26 novembre l'armée française entrait à
Varsovie.

Bientôt après, au cœur de l'hiver, Napoléon se
remet en marche. Le 8 février 1807 il trouve l'armée
russe dans la plaine d'Eylau (1), l'attaque, la met en

(1) La veille de cette bataille, Napoléon recevait au bivouac une
note de Talleyrand, ainsi conçue :

« Sire, la Russie cesse de dissimuler ; elle a jeté le masque dont
elle avait essayé jusqu'à présent de se couvrir. Ses troupes sont
entrées en Moldavie et en Valachie; elles ont assiégé les forteresses du Choczim et de Bender.

» La Porte n'a su qu'elle était attaquée, elle n'a appris que ses
provinces étaient envahies, que par le manifeste du général Mi-

déroute, la poursuit à outrance, et, dans une suite
de glorieux combats, à Ostrolenka, Braunberg, Dant-
zik, Spanden, Dieppen, Gustadt, Heilsberg, toujours
vainqueur de cette armée qui fuit toujours, Napoléon semble, par ses savantes manœuvres, se préparer à une victoire décisive. Enfin, au commencement
de juin, il tient près de lui l'armée russe, à laquelle

chelson.... Et ce qui est aussi révoltant que bizarre, au moment où
la Porte recevait ce manifeste, l'envoyé de Russie protestait qu'il
n'avait reçu aucune instruction de sa cour, et qu'il ne croyait pas
à la guerre.

» Peu de nations ont mis, dans la poursuite de leurs desseins,
autant *d'artifice et de constance* que la Russie. La *ruse et la violence* qu'elle a tour à tour employées pendant soixante ans contre
la Pologne, sont encore les armes dont elle se sert contre l'empire
ottoman. Abusant de l'influence que, depuis les dernières guerres
elle avait acquise sur la Moldavie et la Valachie, elle a, du sein
de ces provinces, soufflé partout l'*esprit de sédition et de révolte ;*
elle a encouragé les Serviens rebelles à la Porte, elle leur a fait
passer des armes, elle leur a envoyé des officiers pour les diriger.
Profitant du naturel sauvage des Monténégrins et de leur penchant
à la rapine, elle les a soulevés et armés. Elle a pareillement, et
pour ses futurs desseins, armé secrètement la Morée, après l'avoir
effrayée des dangers imaginaires dont elle avait adroitement semé
le bruit.

» L'exécution de ses projets étant ainsi préparée par tous les
moyens que l'artifice et l'intrigue pouvaient lui fournir, elle a saisi
habilement l'occasion que lui offrait la guerre de la France et de
la Prusse, et marché ouvertement à son but, avec cette violence
qui ne connaît aucun droit et qui n'en respecte aucun. »

Cette note, du célèbre diplomate français, ne prouve-t-elle pas
une fois de plus ce que les révélations de la correspondance confidentielle de sir G.-H. Seymour sont venues confirmer, que le
gouvernement russe ne marche, depuis cent cinquante ans, qu'appuyé sur la ruse, le mensonge et la brutalité?

se sont ralliés les débris prussiens d'Iéna, il tient ses deux ennemis à sa portée. Le 14 juin, anniversaire de Marengo, Napoléon gagne la sanglante bataille de Friedland ; victoire chèrement achetée, comme celle d'Eylau, mais victoire brillante, décisive, qui couronna dignement cette rapide campagne, et força les deux souverains à demander encore une fois la paix, car toutes leurs ressources militaires étaient anéanties.

Un armistice fut d'abord convenu, puis, sur un pavillon élevé au milieu du Niemen, des conférences s'ouvrirent entre les deux Empereurs. Les destinées du vieux continent furent discutées et mises en question dans cette conversation intime. Alexandre paraissait alors décidé à s'unir étroitement à Napoléon, à partager avec lui la belle et noble mission de pacifier le monde, de répandre la civilisation autour d'eux, chez tous les peuples où elle était en arrière. Dans cette œuvre, Alexandre avait l'orient, l'immense Asie ; Napoléon la péninsule européenne. Ce partage, cette œuvre civilisatrice furent vraiment proposés par Napoléon au czar Alexandre ; celui-ci parut accepter avec enthousiasme cette politique nouvelle, si éloignée des desseins de la Russie, si contraire au plan tracé par Pierre.

Après avoir signé le traité de Tilsitt, le 7 juillet 1807, Alexandre quitta Napoléon en le comblant de témoignages d'admiration, de protestations affectueuses ; le czar avait parfaitement joué son rôle ; il avait trompé Napoléon lui-même. Mais, comme l'avoua plus tard un des confidents dévoués d'Alexandre, il fallait à tout prix éloigner pour le moment la guerre de l'Europe ; il fallait gagner le temps nécessaire pour se préparer à soutenir avec avantage une nouvelle lutte contre un ennemi aussi habile, aussi puissant.

Par le traité de Tilsitt, Alexandre reconnut la Confédération du Rhin, récemment formée avec l'ancienne Confédération germanique, sous la protection de Napoléon, ainsi que le grand-duché de Varsovie, créé par Napoléon avec les parcelles de la Pologne reprises à la Russie et à la Prusse. Mais la Russie reçut en dédommagement le cercle de Bialystock, enlevé à la Prusse. Le czar reconnut par ce traité les nouvelles royautés données à la famille de l'Empereur des Français, Naples, la Hollande et la Westphalie. Le même traité donnait à la France les îles Ioniennes et les bouches du Cattaro, que les Russes occupaient encore. Ceux-ci devaient en outre évacuer immédiatement les principautés danubiennes, Bessarabie, Moldavie, Valachie, et conclure avec les Turcs un armistice qui devait précéder un traité de paix entre le czar et le sultan. Alexandre devait ensuite être médiateur entre l'Angleterre et la France, afin de rétablir la paix entre les deux puissances, ou, en cas de refus de l'Angleterre, se déclarer contre elle.

Alexandre fut d'abord fidèle, en apparence du moins, à ce traité. Il ferma même ses ports au commerce anglais, et parut entrer franchement dans ce système continental qui devait forcer l'Angleterre à faire la paix. Alexandre continuait le rôle politique auquel le forçaient les circonstances. Le congrès d'Erfurt, qui eut lieu en 1808, auquel assistèrent Napoléon, Alexandre et presque tous les souverains allemands, moins l'empereur d'Autriche et le roi de Prusse qu'on n'y avait point appelés, l'*entrevue d'Erfurt*, comme la diplomatie nomme cette réunion, vit Alexandre avec le même masque ; il prodigua à Napoléon, comme il l'avait fait à Tilsitt, les plus vives assurances d'amitié et de dévouement ; il alla presque jusqu'à l'admiration, et comme à Tilsitt, Napoléon, toujours bourgeois au fond du cœur, crut naïvement aux sentiments et aux paroles de son ennemi-né.

La paix régna donc quelque temps sur le continent européen. Les nations se reposent et renaissent à l'espérance. La Russie, il est vrai, n'avait pas complétement évacué les provinces turques du Danube. Son protégé, Ypsilanti, avait repris, malgré le divan, le gouvernement de la Valachie. L'Angleterre n'avait pas mis bas les armes ; mais que pouvait-elle seule ? Elle sera forcée bientôt de rentrer dans le concert européen, et une paix générale s'établira enfin. Ainsi pensait-on dans quelques cabinets, aux Tuileries peut-être pendant un temps ; l'heure de la paix n'était pas sonnée encore. L'amour des conquêtes, la soif des victoires étouffèrent ces bonnes intentions, si dignes, cependant, d'une grande âme. Napoléon voulut se faire trop tôt cet empire d'Occident dont Alexandre l'avait bercé sur le radeau du Niémen ; il envahit le Portugal, puis l'Espagne.

Alexandre avait les yeux tournés vers la France. Ami de Napoléon, il le disait encore, il exécutait rigoureusement les conditions du traité de Tilsitt relatives au blocus continental, quand elles ne lésaient pas ses intérêts. La Suède, ou plutôt Gustave IV, refusait avec opiniâtreté d'entrer dans ce système. Le czar, trouvant dans ce refus un motif d'être à la fois agréable à Napoléon et de se mêler aux affaires de la Suède, invita Gustave IV à donner satisfaction à Napoléon ; celui-ci repoussa formellement cette injonction. Des troubles sérieux éclataient alors en Suède : la diplomatie russe n'y était pas étrangère. La noblesse, levée contre le roi, prononça sa déposition et proclama son oncle, le duc de Sudermanie, sous le nom de Charles XIII. Les circonstances étaient trop favorables pour que le czar n'en profitât pas. Sous le prétexte éternel de rétablir l'ordre, une armée russe envahit la Suède en 1809, prit possession du reste de la Finlande, l'incorpora à l'empire ainsi qu'une partie de la Bothnie, de la Poméranie, et les îles Aland. Le traité de paix de Frédérickshamm, que le nouveau roi fut forcé de signer, sanctionna cette violente prise de possession du territoire suédois.

Cette occupation des provinces suédoises était à peine terminée, que le czar se retournait du côté de la Turquie pour continuer son œuvre de spoliation. L'occasion semblait très propice. Une révolution avait détrôné le sultan Sélim III en 1807. Son successeur et cousin Mustapha IV, à la suite de tentatives pour le rétablir, l'avait fait étrangler, en 1808, dans le sérail où il avait été relégué; un grand désordre régnait encore. Mustapha, voulant abolir toutes les institutions de Sélim et toucher aux priviléges des janissaires, fut déposé et étranglé dans la même année. Son frère Mahmoud II venait de le remplacer. Le divan avait réclamé plusieurs fois avec force contre la rentrée du prince Ypsilanti en Valachie, acte contraire aux bases des négociations entamées qui stipulaient l'indépendance des principautés sous la suzeraineté du sultan. Il avait aussi demandé l'évacuation des principautés, nettement exigée dans le traité de Tilsitt. La Russie répondit à la première de ces réclamations, en se faisant céder par Ypsilanti ses droits sur le gouvernement de la Valachie , et en rappelant ce prince; elle répondit à la seconde en s'établissant plus solidement dans les principautés , en y élevant de nouvelles forteresses, en mettant de fortes garnisons sur tous les points militaires. Cette mauvaise foi manifeste jeta de l'aigreur et de l'irritation dans le congrès rassemblé à Giurgewo pour régler les conditions de paix, et rien ne se termina. Un nouveau congrès réuni à Jassy, en 1809, n'eut pas plus de succès. Les négociateurs russes, jetant le masque, en vinrent enfin à proposer au divan la cession absolue des provinces situées sur la rive gauche du Danube. Le divan repoussa avec indignation cet inqualifiable ultimatum , et la Russie, qui s'était préparée à loisir depuis trois ans, commença aussitôt les hostilités.

La bonne intelligence qui existait entre la Russie et la France depuis le traité de Tilsitt et l'entrevue d'Erfurt, semblait être sur le point de cesser. Les immenses et rapides développements de l'Empire français, l'ascendant que Napoléon prenait sur l'Europe effrayaient Alexandre. Napoléon dominait l'Espagne, l'Italie, la Suisse, la Confédération germanique, la Belgique et la Hollande. La Prusse était battue, l'Autriche considérablement affaiblie ; un peu encore, et les deux empires se touchaient ; la France allait repousser la Russie vers l'Orient et la forcer à renoncer à jamais à son rêve de domination universelle. La Russie songeait donc, malgré ses traités d'alliance, à arrêter le conquérant Français, à élever devant lui de nouveaux obstacles, à lui créer des ennemis ; elle travaillait enfin, aussi secrètement que possible, à organiser une cinquième coalition, se réservant le droit de se déclarer au moment qui lui semblerait opportun.

Si la cinquième coalition, formée ostensiblement de l'Angleterre, de l'Autriche, de Rome, de la Suède et de la Hollande, avait eu d'abord quelques succès, la Prusse et la Russie n'eussent pas manqué de prendre une part active à la lutte ; mais la belle et rapide campagne de 1809, commencée le 2 avril à Eckmulh, et terminée le 6 juillet à Wagram, étonna tellement les coalisés secrets, qu'ils n'osèrent se déclarer. La Russie joua même, pendant cette courte lutte, un rôle peu honorable. Alliée de la France, et devant, d'après les traités, être son auxiliaire, mais secrètement disposée en faveur de l'Autriche, et désirant le succès de la cinquième coalition, elle n'osa montrer ni ses antipathies, ni ses sympathies. Son armée, rassemblée sur les frontières de la Gallicie, entra dans cette province, laissa battre l'armée autrichienne sans aider en rien au succès de l'armée française. Seulement, lors de la signature de la paix à Vienne, le 14 octobre 1809, le czar se fit donner une partie de la Gallicie pour ses frais de guerre.

Cette dispersion si prompte de la cinquième coalition, en forçant la Russie à reculer ses projets contre la France, lui permit de donner une plus grande activité à la guerre qu'elle avait entreprise en 1808 contre la Turquie. La campagne de 1809 avait été fatale aux Ottomans, quoique mêlée de quelques succès. Napoléon, après la conclusion de la paix avec l'Autriche, offrit sa médiation entre les deux puissances belligérantes : on put croire pendant quelque temps que la Russie consentirait à la paix ; mais les conditions qu'elle posa comme base d'un nouveau traité étaient si dures, que le divan dut les repousser. Les hostilités recommencèrent donc en 1810 avec un nouvel acharnement. L'armée russe, considérablement renforcée, obtint de rapides succès ; elle s'empara des principales places fortes du Danube, emporta le camp retranché de Schumla, qui défend les défilés des Balkans, les Thermopiles de la Turquie, à cinq jours de marche de Constantinople. Le grand-visir, effrayé de ces revers, demanda un armistice au général en chef de l'armée russe. Celui-ci répondit que la guerre ne cesserait qu'avec l'abandon définitif de la Bessarabie, de la Moldavie, de la Valachie, et par la déclaration d'indépendance de la Servie.

Malgré les dangers de sa position, le sultan Mahmoud rejeta ces conditions comme déshonorantes, et se décida à continuer la guerre. Heureusement l'hiver approchait et mit fin aux hostilités. Une autre cause vint alors en aide à la Turquie, et la sauva probablement de la ruine. Le czar Alexandre, sérieusement alarmé de l'expansion incessante de l'Empire français, que le mariage de Napoléon avec une archiduchesse d'Autriche semblait rendre plus puissant encore ; craignant une insurrection dans ses provinces polonaises, où les esprits étaient fort agités ; de plus en plus irrité enfin contre le blocus continental, qui ruinait le commerce de la Russie, le czar avait renoué les fils de son hostile diplomatie et cherchait à former une sixième coalition contre la France. L'occupation par les troupes françaises du duché d'Oldenbourg ; la déchéance du duc, parent d'Alexandre, ayant pour motif son refus d'accéder au blocus continental, fut la cause déterminante de la rupture. En face de cette prochaine guerre, le czar dut se hâter de rappeler une grande partie de son armée de Turquie.

Cette notable diminution de leurs forces obligea les Russes à abandonner la plupart des forteresses, à repasser le Danube, et à se borner à une guerre défensive. Cette évacuation inattendue, qu'ils regardèrent comme une retraite, fit passer tout à coup les Turcs du découragement à une imprudente confiance : ils voulurent à leur tour attaquer les Russes, rentrer en Valachie, avant d'avoir réorganisé et augmenté leurs forces militaires. Il en résulta, pendant l'année 1811, de nouveaux revers qui amenèrent l'ouverture de nouvelles négociations, puis la formation d'un congrès à Bucharest. Mais les prétentions russes ne diminuant pas, les conférences allaient encore être rompues et les hostilités reprises, lorsque la guerre éclata enfin entre la Russie et la France. De ce moment, le plénipotentiaire du czar devint plus souple et ses exigences beaucoup moindres. Le temps pressait : il fallait conclure ; il fallait diriger toutes les forces russes contre la France. Il renonça donc à la Valachie, à la Moldavie, se contenta de demander la Bessarabie, ce qui donnait pour nouvelle frontière à la Russie le Pruth et la rive gauche du bas Danube, depuis le point où il reçoit cet affluent jusqu'à la mer Noire. Ce traité de paix, signé à Bucharest en 1812, accordait aussi à la Russie le droit de protection sur la Moldavie et la Valachie, une amnistie pour la Servie qui avait pris les armes pour elle ; la navigation sur le Danube pour ses bâtiments de commerce, et jusqu'à l'embouchure du Pruth pour ses navires de guerre. La Russie, de son côté, promit de restituer aux Turcs Anapa et quelques autres places sur la mer Noire. Elle rendit Anapa, mais elle éluda cet engagement pour les autres places.

Ce traité ne fut ratifié qu'avec peine par le sultan Mahmoud ; l'armée française s'avançait alors victorieuse sur le territoire russe ; elle promettait une puissante diversion à la Turquie et les moyens, peut-être, de reprendre à la Russie tout ce qu'elle lui avait enlevé. Le sultan céda cependant aux vives instances de ses ministres, la plupart gagnés par l'or de l'autocrate. Ce traité débarrassait la Russie d'un ennemi qui aurait pu devenir dangereux dans les circonstances où elle se trouvait. C'était ce qu'elle voulait alors. Le corps du Danube se porta immédiatement à marches forcées vers la Pologne, pour se réunir à la grande armée russe.

Au moment de sa rupture avec la France, Alexandre n'avait plus d'autres alliés visibles que l'Angleterre. L'entreprise de Napoléon semblait donc appuyée sur des circonstances favorables. Il voulait empêcher la Russie de s'étendre à l'occident, où elle ne peut qu'entraver le développement de la civilisation, et la forcer à diriger ses conquêtes vers l'Asie, où elle a un rôle utile à remplir, des peuples nomades à instruire, à initier à la vie sociale. La guerre de 1812, de la part de la France, avait donc un motif juste ; ce n'était pas seulement une pensée ambitieuse qui guidait Napoléon comme on l'en a trop accusé, c'était aussi une pensée de haute politique européenne, que les gouvernements de l'Allemagne, que la Prusse et l'Autriche n'ont pas comprise alors, mais qu'ils devraient comprendre aujourd'hui. Napoléon trompé un instant, après Tilsitt, par les insidieuses protestations d'Alexandre, ne tarda pas à connaître entièrement ses desseins secrets ; en attaquant la Russie, en conduisant contre elle les puissances occidentales, sur lesquelles il compta beaucoup trop, il voulait prévenir l'éclosion de ces desseins ; il voulait faire avorter les audacieux plans de la politique des czars, il voulait enfin que l'Europe ne devînt pas russe.

Que font aujourd'hui, quarante-deux ans après la campagne de Russie, les gouvernements de la Grande-Bretagne et de la France ? Ils répètent ce que Napoléon Ier voulut faire en 1812. Ils veulent arrêter cette ambition sans frein, cette soif de conquêtes, cette fièvre de domination qui menacent à la fois l'ouest, le sud et l'est. Les événements actuels donnent donc amplement raison aux intentions et aux pressentiments de Napoléon Ier. Non, la campagne de Russie de 1812 ne fut pas un acte d'imprudence, elle fut la suite d'une sorte d'intuition, de pressentiments politiques et de méditations profondes ; c'était une réaction militaire des Gaulois et des Germains contre les Slaves et les Mongols, qui les pressent et s'infiltrent au milieu d'eux.

Si Napoléon n'eût pas écouté à Moscou, pendant cinq longues semaines, les trompeuses propositions de la diplomatie russe ; s'il n'eût pas oublié, dans de chimériques négociations, que l'hiver est précoce et dur sous ce ciel ; si cet hiver n'eût pas été d'une rigueur inouïe, exceptionnelle ; si Napoléon eût réussi enfin, la Russie, devenue puissance asiatique, s'occuperait maintenant de gouverner à sa manière la Sibérie, les peuplades de la Tatarie, du Turkestan et de la Mongolie, elle se serait ouvert la Chine, ne troublerait pas la paix de l'Europe, ne menacerait pas le monde civilisé d'une conflagration générale.

Paris, 15 mai 1854.

Hâtons-nous de terminer l'histoire politique de l'empire russe, dont nous avons voulu tracer une esquisse avant d'aborder le récit des faits actuels ; hâtons-nous, car ces faits s'accumulent, les circonstances prennent un aspect de plus en plus grave, un caractère plus solennel, car de grands événements sont sur le point d'éclater en Europe et en Asie. Glissons donc sur le passé ; ne disons que ce qu'il faut pour achever de dévoiler aux yeux de nos lecteurs tout ce que la

conduite du gouvernement russe renferme d'astuce
et de mauvaise foi ; pour démontrer que, quand il
s'agit d'arriver au but où l'ambition le pousse,
tous les moyens, sans exception, sont employés sans
scrupule.

Il est temps que la lumière se fasse, vive, éclatante,
sur ce gouvernement qui prétend à la suprématie
politique et religieuse du vieux continent, qui veut
soumettre à ses lois, à son culte, l'Europe et l'Asie ;
il est temps que les peuples de l'Occident, que les
hommes en qui s'agitent de nobles sentiments jettent
à la face de cet autocrate, qui menace de son épée
l'indépendance des nations, qui veut frapper la civilisation de son fouet, la forcer à reculer jusqu'à lui,
le stigmate du blâme, qu'ils le mettent au ban de
l'humanité comme un ambitieux, comme un souverain déloyal.

I

Le succès immense, inespéré, que l'hiver de 1812-
1813 donna à la Russie, le danger imminent auquel
échappait presque miraculeusement Alexandre, opé-
rèrent une profonde secousse sur son âme ; il crut
fermement à l'intervention divine. De ce jour l'esprit
du czar se revêtit d'un voile religieux, ses pensées
s'imprégnèrent de mysticisme ; son manifeste de Varsovie, du 22 février 1813, et sa proclamation de Kalisch, du 25 mars, semblent bien plutôt tombés d'une
chaire que du trône d'un monarque vainqueur ; ce

ne sont pas des actes politiques, ce sont les pieuses instructions d'un cœur touché par la grâce, qui se croit une mission sainte à accomplir : cette mission c'était la destruction de l'esprit du mal, de la guerre, qu'il personnifiait en Napoléon, et le rétablissement de la paix générale.

Profondément persuadé qu'il était l'instrument de Dieu, qu'il était destiné à rasseoir sur la terre la paix et le bonheur, Alexandre fit un appel aux gouvernements et aux nations pour l'aider à renverser l'ennemi commun ; il orna cet appel des plus séduisantes promesses. « Après la victoire, disait-il, les peuples couleront à jamais des jours filés d'or et de soie ; ils jouiront des plus douces libertés, du plus complet bien-être, rien ne troublera plus leur quiétude ; le monde sera un véritable paradis. »

A la suite de ces proclamations si riches en béatitudes, pendant que les armées russes s'avançaient en Allemagne, Alexandre provoquait, par tous les moyens en son pouvoir, les défections des alliés de la France et travaillait avec une vive ardeur à la formation de la sixième coalition. La Prusse se prononça la première ; le 1ᵉʳ mars 1813, elle abandonna la France pour la Russie ; la Suède l'imita peu après. Les peuples de l'Allemagne, qui croyaient, selon les promesses de leurs souverains, se lever pour conquérir à la fois la liberté individuelle et l'indépendance nationale, les Allemands se jetèrent aussi dans les bras de la Russie et marchèrent avec elle : ils savent depuis longtemps quelle foi il faut avoir en des promesses semblables. L'Autriche hésita un peu plus longtemps, non qu'elle se crût liée à la France par le mariage de 1810, mais parce que, prudente à l'excès, elle voulait ne se prononcer qu'au dernier moment, quand ses intérêts politiques l'exigeraient.

La campagne de 1813 commença pour la France sous de favorables auspices. La jeune armée se montra le 2 mai à Lutzen, le 21 à Bautzen, la digne héritière de la grande armée ; les alliés, poussés par ces soldats improvisés, reculèrent jusqu'à l'Elbe. Le 4 juin, un armistice fut convenu par l'intermédiaire de l'Autriche, et des négociations s'ouvrirent à Prague. Mais la haine de quelques souverains pour Napoléon l'emporta sur les désirs de paix qui se manifestaient çà et là ; les conférences furent rompues, les hostilités recommencèrent le 10 août, et l'Autriche se laissa entraîner dans la sixième coalition.

Malgré la tiédeur visible de nos auxiliaires de la Confédération du Rhin, qui, eux aussi, méditaient leur défection, nos jeunes soldats luttèrent avec héroïsme pendant deux jours, les 26 et 27 août, contre des forces triples, et restèrent maîtres du champ de bataille de Dresde. Ce succès, chèrement acheté, fut le dernier de la campagne.

Les échecs des lieutenants de Napoléon empêchant celui-ci d'exécuter ses desseins, il dut se résigner à reculer, mais lentement, en combattant ; il eût encore vaincu à Leipsick, le 16 octobre, dans ce combat de trois jours, où les soldats français combattirent contre des forces quadruples, sans la trahison, sur le champ de bataille même, des contingents de la Saxe et du Wurtemberg.

Après Leipsick, la retraite devint plus rapide ; le passage de l'Elster, triste épisode, et le combat de Hanau, où les Bavarois furent punis de leur défection, sont les derniers incidents de cette campagne. Le 30 octobre, les restes de l'armée française traversaient le Rhin et rentraient sur le territoire national ; en décembre, près de 500,000 Russes, Autrichiens, Prussiens, Suédois, Allemands et Anglo-Espagnols envahissaient le sol français ; les intrigues de l'autocrate avaient réussi, les desseins de Pierre le Grand marchaient à leur accomplissement, les armes et la diplomatie russes se mêlaient de plus en plus aux affaires de l'Occident ; l'étendard moscovite, traînant à sa suite vingt nations dominées, séduites ou trompées, allait flotter sur les bords de la Seine.

Nous ne dirons rien de l'admirable campagne de 1814. Assez d'écrivains militaires ont décrit ces merveilles de stratégie que Napoléon, avec sa poignée de braves, opposa avec tant de succès aux innombrables ennemis qui le pressaient de toutes parts. La campagne de 1814 est un chef-d'œuvre de science militaire ; si d'infâmes trahisons n'eussent détruit les habiles combinaisons de Napoléon, le succès eût, sans aucun doute, couronné cet effort de génie, et les coalisés auraient trouvé leur tombeau au sein de cette France, dont ils voulaient étouffer les sentiments et les pensées.

Après la chute du géant, les souverains coalisés

s'occupèrent, sous la direction de l'empereur Alexandre, de réorganiser l'Europe, c'est-à-dire de remettre les hommes et les choses tels qu'ils étaient avant 1789, d'effacer autant que possible toutes les traces de la grande révolution démocratique, d'étouffer partout l'amour de l'indépendance et l'esprit d'égalité qui s'étaient fait jour dans cette convulsion sociale. Nous avons parlé assez longuement, dans notre première lettre, des traités de Paris et de Vienne de 1814 et de 1815 ; nous avons assez appuyé sur leurs conséquences politiques pour nous dispenser d'y revenir aujourd'hui.

Les traités de 1815, dont la pensée capitale fut l'abaissement de la France et l'anéantissement des grands principes de 1789, augmentèrent tellement la prépondérance politique de l'empire russe, qu'ils accélérèrent avec excès le développement de ses instincts ambitieux, de ses appétits de conquérant. C'est l'esprit de ces traités qui a soufflé sur l'Europe le vent des discordes et des guerres qui l'ont agitée depuis quarante ans ; c'est à cet esprit que nous devons la crise actuelle. L'un des plus pressants travaux de la diplomatie, quand le canon aura dit son dernier mot, sera de revoir les traités de 1815, de chercher à reconstituer l'Europe, le monde, sur des bases plus solides, plus rationnelles que ne l'ont fait les hommes d'État du congrès de Vienne et de la Sainte-Alliance.

Certainement Alexandre montra, dans les événements de 1815, un grand esprit de modération, si on le compare aux intentions émises par quelques autres souverains à l'égard de la France. Alexandre s'opposa formellement au partage; mais, tout en rendant justice à cet acte de grandeur et de générosité, ne peut-on croire qu'un grand intérêt politique, qu'un profond calcul s'alliaient dans son cœur à ces nobles sentiments. Le czar pouvait-il, sans imprudence, laisser l'Autriche et la Prusse s'agrandir aux dépens de la France? Ne valait-il pas mieux, pour la Russie, que ces deux États eussent un puissant contrepoids à l'Occident, et que leur prépondérance en Europe ne dépassât pas certaines proportions? Nous croyons que ces pensées ont été pour beaucoup dans la conservation de l'intégrité du sol national, et que nous ne devons que peu de reconnaissance à l'empereur Alexandre.

II

Mais suivons avant tout la conduite du gouvernement russe ; rentrons à Saint-Pétersbourg avec le czar triomphant. Plein de sa propre grandeur, se croyant l'instrument de Dieu pour pacifier et régénérer le monde, Alexandre, illuminé par l'extatique Krüdner, va-t-il déposer réellement les armes, va-t-il se servir de la haute influence qu'il vient d'acquérir pour assurer partout l'ordre et la paix, le calme et le bien-être, pour répandre à flots, autour de lui, les bienfaits de la civilisation? Va-t-il moraliser, instruire et rendre heureux 80 millions de sujets? Rentré dans son palais, Alexandre songe bien un peu à cette belle partie de la mission qu'il s'attribue ; mais sa crainte des idées libérales est telle, qu'il ne laisse pénétrer la civilisation dans ses États que goutte à goutte, à travers le filtre fin percé de sa douane et de sa police, afin qu'aucune parcelle dangereuse ne passe et ne germe sur son territoire. Mais, quelque serrées que soient les mailles de son réseau, quelque haute que soit sa grande muraille, les idées civilisatrices se font si déliées et si légères qu'elles passent à travers ou sautent par-dessus.

Quant à la grande question de déposer les armes, de renoncer aux conquêtes, le czar n'y songea pas sérieusement. Satisfait d'avoir orné son front de la brillante auréole de pacificateur, d'avoir ébloui les peuples par une apparente magnanimité, par une grandeur d'âme et une générosité calculées, Alexandre se hâta, après quelques réflexions, de reprendre sans bruit l'œuvre d'envahissement préparée par Pierre Ier.

La Perse reçut le premier choc. Depuis 1803, depuis l'incorporation de la Géorgie, l'occupation de la Mingrélie et de Ganja, une vive inimitié existait entre les cours de Saint-Pétersbourg et de Téhéran ; la guerre n'avait pas cessé, pour ainsi dire, de troubler ces contrées. En 1813, par la médiation de l'Angleterre, des conférences entre les deux belligérants s'ouvrirent à Gulistan, village du Kara-Bagh, au confluent du Kour et de l'Araxe. Les discussions furent longues et vives ; le traité ne fut signé qu'en 1816, encore laissait-il des parties non réglées et d'autres ouvertes à l'équivoque. Les agents russes excellent dans ces rédactions ambiguës qui laissent

un vaste champ aux interprétations. Ainsi la question
des limites n'était nullement résolue, afin de donner
lieu plus tard à de nouvelles négociations et à d'autres empiétements.

Selon le texte du traité de Gulistan, chaque partie
contractante devait conserver le territoire dont elle
était en possession au moment de la cessation des
hostilités. Les Russes, d'après cette base, prétendi-
rent retenir tous les points où leurs troupes avaient
stationné, même temporairement ; ainsi, non seulement la Perse cédait à la Russie la Géorgie, l'Iméréthie, la Mingrélie, le Daghestan, y compris Derbend
et Kouba, le Chirvan, avec Bakou, le Shéki, le Ganja,
le Kara-Bagh et une partie du Moghan, mais Lankeran, sur la Caspienne, dans le Khanat de Talish,
devait, selon le plénipotentiaire du czar, rester aussi
à la Russie, l'étendard de l'empire y ayant flotté.
L'ambassadeur perse refusa formellement de con-
sentir à cette cession, car la possession de Lankeran
conduisait à celle d'une partie du Talish, et par suite
à celle du Ghilan. Le général Ritescheff, gouverneur
général de la Géorgie, qui dirigeait ces négociations,
ne voulant pas être arrêté par ce refus, tourna la
difficulté à la manière russe, à la Machiavel ; malgré
les instructions précises qui lui ordonnaient d'englober
Lankeran et le Talish dans les territoires à prendre,
il garantit leur restitution à la Perse après la signature du traité, comme un don du czar ; il promit
même qu'on y ajouterait d'autres provinces voisines
dont la Russie n'avait nul besoin.

Le gouvernement persan, confiant dans une parole aussi solennellement donnée, crut complétement aux promesses du général Ritescheff, et signa le traité. L'ambassadeur britannique à la cour de Téhéran, convaincu lui-même de la bonne foi du plénipotentiaire russe, encouragea la confiance du shah, l'assurant des bons offices du cabinet de Londres auprès de celui de Saint-Pétersbourg pour obtenir promptement tout ce qu'avait promis et fait espérer le général Ritescheff. Ce fut dans ces dispositions qu'une ambassade perse fut envoyée au czar. Mais, pour n'avoir pas à ratifier les promesses du général Ritescheff, le gouvernement russe le rappela aussitôt et le remplaça comme gouverneur général de la Géorgie et comme ambassadeur près du shah, par le général Yermoloff. Quand l'ambassadeur persan arriva et vint, appuyé par la légation britannique, demander l'exécution des paroles du général Ritescheff, on lui répondit, après un assez long échange de notes évasives, après de nombreuses conférences sans portée, que le nouvel ambassadeur russe à Téhéran discuterait la question avec les ministres persans. Puis, lorsque le général Yermoloff arriva en Perse, il refusa formellement de restituer aucune parcelle de terrain, et le tour fut joué.

Le gouvernement russe, heureux d'être enfin arrivé n'importe à quel prix à la possession de ces belles et riches provinces, si longtemps convoitées, se garda bien de heurter d'abord les mœurs, les lois et les croyances des peuples divers qui les habitent ; il ne toucha même pas à leur forme de gouvernement. Les chefs héréditaires du pays, grands vassaux de la Perse, qui règnent sur ces petites principautés à la manière des comtes et des barons de notre moyen âge, furent laissés en pleine possession de leur autorité, avec des pensions suffisantes; on les affubla même de grades et de cordons militaires.

Peu de temps après, on plaça près d'eux, sans autre but apparent que de les conseiller, que d'appuyer leur autorité, des officiers russes. Plus tard, ces officiers donnèrent, d'un ton calme et doux, des ordres; puis, à la moindre hésitation dans l'obéissance, vinrent les injures. Enfin on entoura ces malheureux princes d'intrigues, on les excita à la révolte, on les accusa de crimes imaginaires, on les menaça des plus cruels châtiments: on fit si bien que la plupart, pour fuir une tyrannie devenue insupportable, se réfugièrent en Perse. C'était ce qu'on voulait. Débarrassés de ces princes héréditaires, les Russes se crurent réellement maîtres du pays; cependant la petite noblesse les gênait encore un peu; ils s'attaquèrent donc à elle ensuite, minèrent par tous les moyens son influence locale, la disséminèrent dans les divers corps de l'armée et se trouvèrent face à face avec le peuple, avec les paysans.

Ici commence un nouveau genre de tyrannie. Le gouvernement russe, il le répète chaque jour dans les proclamations, dans les manifestes qu'il jette effrontément à l'Europe étonnée, le gouvernement de l'autocrate se croit essentiellement orthodoxe; lui seul, en religion, en lois, en politique, en mœurs, est dans les saines doctrines ; à ses yeux, la nation russe est la nation sainte que toutes doivent imiter, en qui toutes doivent communier et s'unir. Avec une telle foi, sans cesse excitée au cœur des Russes, la passion du prosélytisme religieux, des conversions morales et politiques, est une des plus ardentes chez les fonctionnaires russes. Après la conquête vient donc toujours la conversion, et ce n'est pas par la douce persuasion, par l'exemple des vertus que les Russes extirpent l'hérésie et transforment les mœurs des vaincus, c'est par des rigueurs inouïes, par des persécutions incessantes. Nous ne parlons pas des exactions scandaleuses, des infâmes concussions dont les fonctionnaires accompagnent généralement leur prosélytisme : c'est un fait trop bien connu.

La conduite des Russes, dans cette prise de possession des provinces perses, fut tellement brutale, tellement odieuse, qu'une haine profonde naquit bientôt au cœur des populations, et se manifesta par mille faits, assassinats isolés, attaques de détachements, pillages de convois ; les Russes ne pouvaient, sans danger de mort, s'éloigner de leurs colonnes ou de leurs quartiers. Cette haine contre la domination russe s'étendit de proche en proche sur toutes les contrées caucasiennes, depuis la Crimée, où le mahométisme était à peu près écrasé par le bigotisme grec, jusqu'aux rives de l'Araxe, où la persécution commençait.

Les tribus de la chaîne du Caucase, plus à l'abri

des Russes que les habitants des plaines, commencèrent alors leurs excursions contre la ligne du Kouban
et du Terek. Les communications de Stavropol à
Tiflis, par la route militaire du Dariel, devinrent de
plus en plus dangereuses ; la route des bords de la
Caspienne ne fut praticable qu'avec une armée ; le
littoral de la mer Noire, dont les tribus sont plus
belliqueuses encore, ne laissèrent plus un instant de
repos aux postes russes échelonnés sur cette côte.

Vers le temps où se terminaient les hostilités entre
la Russie et la Perse, les généraux russes avaient
entamé des négociations avec les khans de Khivie et
des autres États du Turkestan. Les peuples nomades
de ces contrées étant les ennemis religieux des Perses,
c'est-à-dire appartenant à une autre secte de l'islamisme, les Russes voulurent s'en faire des auxiliaires.
Le traité de paix de Gulistan arrêta la conclusion des
traités qui se préparaient entre ces nomades et la
Russie ; mais il n'arrêta point le désir qu'avait depuis
longtemps le cabinet du czar de pénétrer au sein de
la Tatarie et d'y fonder des établissements.

Le gouverneur général de la Géorgie, Yermoloff,
envoya, en septembre 1819, deux de ses officiers,
Ponomareff et Mouravieff, à la baie de Balkan, sur
la côte orientale de la Caspienne, et de là, à la tête
d'un petit corps de 1,500 hommes, Mouravieff se di-
rigea par le désert de Karism vers Khiva. Il n'en
était plus qu'à quelques lieues, le 6 octobre, lorsque
le khan lui fit défendre d'aller plus loin avec sa
troupe ; mais, de sa personne, il fut amené au khan,

le 18 novembre, et interrogé sur les intentions de son voyage. Il répondit qu'il était venu pour consolider l'amitié qui existait déjà entre la Russie et la Khivie, pour nouer des relations commerciales entre les deux puissances et fonder un comptoir à la baie de Balkan, qui est beaucoup plus près de Khiva que l'ancien point choisi au golfe de Mangusklak. Le khan répondit que la côte de Balkan appartenait au shah de Perse, qu'il ne pouvait y autoriser un établissement russe, et il congédia l'envoyé Mouravieff.

Le but de ce dernier, malgré cet insuccès apparent, était rempli ; Mouravieff avait recueilli d'assez nombreux renseignements sur la Khivie ; il les mit à profit plus tard.

A la même époque à peu près, vers 1820, d'autres envoyés se dirigèrent d'Astrakhan vers Boukhara, Khokhan et Tashkan, afin d'ouvrir une nouvelle voie au commerce de la Russie avec la Chine, et surtout afin d'établir son influence sur les hordes de l'Asie centrale.

Ainsi Alexandre, malgré son grand amour de la paix, malgré sa haine si hautement déclarée pour l'esprit de conquête, Alexandre ne songeait nullement à arrêter le mouvement extensif donné à la politique russe par son aïeule Catherine II. Après la Perse et la Tatarie, il se retourna vers la Turquie.

Le traité de Bucharest, de 1812, avait restitué la Servie à la Porte ; il fallait bien acheter sa neutralité, précieuse alors ; mais, la France vaincue, les traités de 1815 mis à exécution, le czar songea à ressaisir

sa suzeraineté sur celte belle principauté. La discorde
fut encore le moyen. Georges Czerni avait été, de
1804 à 1812, l'instrument choisi par la Russie pour
régner sur la Servie ; en 1816, elle trouva Miloch
Obrenowitch qui se mit à la tête d'une nouvelle insurrection. Un an après, la Servie, puissamment
aidée, proclamait une seconde fois son indépendance
et reconnaissait Miloch comme prince héréditaire.

Pendant cette insurrection, la Russie cherchait un
motif de rupture avec la Turquie. Le traité de 1812
avait laissé, comme d'habitude, à régler quelques
limites de territoires ; c'était une porte qu'on laissait
ouverte pour rentrer dans le champ des discussions.
En 1816, des commissaires russes et turcs se réunirent à Akkermann pour fixer la délimitation des frontières. Il y eut beaucoup de paroles prononcées, mais
pas de rupture, grâce à la prudence des plénipotentiaires ottomans. Une convention, signée en 1817,
termina enfin cette affaire. Il en coûta quelques concessions encore à la Turquie ; elle dut évacuer la
Moldavie et la Valachie, sur lesquelles elle ne con-
serva qu'une suzeraineté nominale ; mais elle ôta ainsi
tout prétexte d'agression à la Russie. Cela ne faisait
pas le compte du czar si pacifique, si magnanime en
apparence. Il fallut chercher un autre moyen de nuire
à la Turquie. A défaut de guerre, on fit un appel à
l'insurrection. Des nuées d'agents se répandirent
aussitôt sur toutes les provinces slaves et grecques
de l'empire ottoman, et excitèrent les esprits à la révolte.

Ce fut un aide de camp de l'empereur Alexandre, Ipsilanti, chef d'une société secrète (*Hétérie*) pour la délivrance de la Grèce, qui fut chargé, en 1820, de soulever la Moldavie et la Valachie ; mais, vaincu après quelques combats, il fut forcé de se réfugier en Autriche. Le mouvement insurrectionnel de la Grèce eut plus de succès. Surpris par une brusque et générale attaque, les Turcs furent d'abord battus sur presque tous les points. L'insurrection s'étendit rapidement ; et, en décembre 1821, la Morée, l'Épire et quelques îles avaient déjà proclamé leur indépendance. Mais bientôt les Turcs reprirent l'offensive. L'armée et la flotte égyptiennes, unies aux forces ottomanes, pénétrèrent dans les provinces insurgées et une lutte acharnée commença.

La Russie avait soufflé le feu, elle le laissa étendre ses ravages, ronger et détruire. Elle n'avait qu'à gagner à l'affaiblissement des deux partis : ne voulait-elle pas les subjuguer l'un et l'autre, chacun en leur temps ? Elle regarda donc d'un œil satisfait cette guerre d'extermination ; elle encourageait les Grecs, elle les aidait même un peu, car elle craignait que la lutte ne finît trop tôt, qu'ils ne fussent vaincus ; mais elle ne voulait pas non plus que les Grecs fussent vainqueurs.

Cependant, au milieu de l'exécution de ses grands desseins, quand tout semblait se réunir pour aider au succès de ses entreprises, l'Empereur Alexandre n'était pas heureux sur ce trône tout puissant qui dominait la neuvième partie de la terre, dont les paroles

étaient reçues à genoux comme des ordres d'en haut ;
sur ce trône régnaient aussi de profonds ennuis, des
chagrins sérieux. Alexandre avait cru, après l'immense succès de 1815, pouvoir reconstituer le monde
selon sa volonté, refaire la société selon ses désirs ; il
espérait que les idées libérales, comprimées en France
par le gouvernement de la Restauration, s'éteindraient
peu à peu dans un foyer sans aliments, et que le reste
de l'Europe serait à jamais à l'abri de son dangereux
contact. Il pensait ainsi, jouissant déjà de l'ordre et
du calme qu'il croyait avoir à jamais inaugurés autour de lui, quand, dès le commencement de 1819,
il apprit que des sociétés secrètes se fondaient en
France, en Allemagne, en Piémont, en Italie, en Espagne, en Portugal ; quand, bientôt après, des
mouvements insurrectionnels éclatèrent sur divers
points.

Alexandre voulait bien insurger contre leurs gouvernements légaux les provinces de la Perse et de
l'empire ottoman ; il voulait bien que, sous sa protection, les principautés danubiennes et les provinces
grecques cherchassent à recouvrer leur indépendance;
mais ces révoltes devaient tôt ou tard profiter à la
Russie, augmenter sa puissance politique, donner plus
d'éclat à sa religion orthodoxe. Ce but ne sanctifiait-
il pas les moyens?

Dans sa colère contre les idées d'indépendance qui
se manifestaient en dehors de sa volonté, le czar fit
un appel aux puissances signataires des traités de
1815, aux rois de la Sainte-Alliance, et convoqua

d'abord un congrès à Carlsbad, le 1er août 1819, puis un second à Troppau, le 1er octobre 1820, puis un troisième à Laybach, le 6 mai 1821, et enfin celui de Vérone, le 25 août 1822. Ces deux derniers congrès décidèrent que les velléités constitutionnelles du Piémont, de Naples, de l'Espagne et du Portugal seraient étouffées par la force des armes, et le sang coula à la fois sur les champs de bataille et sur les échafauds. Pendant ce temps, le gouvernement russe encourageait et soutenait les idées d'indépendance de la Grèce, de la Servie, de la Valachie et de la Moldavie.

Les insurrections de l'Italie et de la péninsule hispanique étaient à peine vaincues, que l'empereur de Russie apprit, à sa très grande douleur, que son pays même, que son armée étaient aussi infectés du virus libéral, et cela, malgré les précautions inouïes de la police et de la douane. Comment donc ces principes dangereux avaient-ils franchi les frontières de cette Chine d'Europe, de ce Paraguay renforcé? C'était l'armée russe elle-même qui était venue puiser ces pensées à leur grand foyer, la France, c'était l'armée russe qui les avait introduites sur le sol de l'Empire.

Dès 1816, quelques jeunes officiers s'occupaient, à côté des loges maçonniques, d'organiser des noyaux de sociétés ayant pour but la moralisation et la réforme de l'administration publique, de la magistrature et de la justice, la propagation des sciences et de l'instruction, la culture de l'économie politique

et de la science sociale. En 1820, un comité central
siégeait à Saint-Pétersbourg, et reliait ses travaux de
propagande aux comités des provinces. Dans les années 1821, 1822 et 1823, les principes libéraux
s'étendaient dans les classes nobles, et des projets de
constitution où l'autorité du czar eût été de beaucoup
diminuée, s'élaboraient sur divers points. Il était
même question de faire de la Russie une grande confédération d'États indépendants, analogues à ceux de
l'Amérique du Nord, mais avec le servage pour base
et la noblesse pour faîte. Les boyards auraient gou-
verné ces sortes de républiques aristocratiques. Les
sociétés secrètes des Chevaliers Russes, Union du
Salut, Union du Bien Public, Union des Boyards,
Société des Slaves réunis, etc., étaient si bien pré-
parées en 1823, qu'il fut sérieusement question de
marcher à l'exécution.

Ce projet fut cependant suspendu comme prématuré, puis repris en 1824, lorsqu'il fut question du
voyage d'Alexandre dans les provinces méridionales ;
ce voyage ayant été remis à l'année suivante, il fut
décidé par les conspirateurs que l'insurrection aurait
lieu pendant l'absence d'Alexandre. Tout était effectivement prêt en 1825, lorsque le czar partit de Saint-
Pétersbourg pour visiter les colonies militaires du
midi.

Le général de Witt, qui gouvernait alors la Russie
méridionale, véritable singe de Potemkin, chercha
aussi à faire croire au czar que son gouvernement
était dans l'état le plus florissant, que les établisse-

ments de cavalerie étaient des terres promises. Il dépensa des sommes énormes pour décorer ses paysages, pour y amener une belle et nombreuse population, des troupeaux de chevaux, de bœufs, de moutons, des arbres même, et Alexandre, comme Catherine II, prit au sérieux cet état de choses, accepta comme vraie cette prospérité d'emprunt, et son cœur s'ouvrait aux plus douces émotions lorsque, au commencement de novembre 1825, il fut atteint par la maladie qui devait l'enlever. Il vint mourir à Taganrog le 19 novembre (1er décembre de notre calendrier), regretté pour les nombreuses qualités de son caractère privé bien plus que pour les actes de sa vie publique.

III

La mort d'Alexandre jeta quelque hésitation dans les sociétés secrètes, mais elles n'en persistèrent pas moins dans leurs projets et nommèrent le prince Troubetzkoï dictateur. Ce choix était fort mauvais en tous points. Troubetzkoï ne possédait aucune des qualités d'un chef de parti; il était au-dessous du médiocre en intelligence; il manquait de jugement, de fermeté, de décision. Il ne sut rien préparer pour engager la lutte avec avantage, et il se montra d'une indigne faiblesse au moment de l'exécution.

Le gouvernement savait quelque chose de cette conspiration dès 1824; il avait reçu depuis des révélations de plusieurs affiliés, et peu de temps avant le jour où le complot devait éclater, deux officiers avaient écrit au grand duc Nicolas qui se préparait à prendre le sceptre. Cette dénonciation fut connue des conspirateurs le 25 décembre (13 du calendrier russe). Les troupes devaient prêter serment au nouvel empereur le 26. Il n'y avait pas à reculer, il fallait agir ou fuir. Les conjurés se décidèrent donc à saisir l'occasion de la prestation de serment pour chercher à entraîner les troupes et s'emparer du pouvoir. De grands noms figuraient parmi les affiliés ; c'était une conspiration de la noblesse, mais de la noblesse seulement ; aussi ne réussit-elle pas. L'armée et le peuple restèrent à peu près immobiles, et laissèrent mitrailler les insurgés dans un combat inégal.

Il s'en fallut peu, cependant, que l'insurrection n'eût le dessus ; car si son chef Troubetzkoï fut lâche, s'il s'enfuit au commencement du combat, le nouveau czar Nicolas montra d'abord, en face du danger, une irrésolution qu'on a pu prendre pour de la peur ; ce ne fut que vers quatre heures du soir, quand le combat entre les troupes restées fidèles et les rebelles durait depuis plus de six heures, que Nicolas, pressé par les grands fonctionnaires, se décida à sortir du palais et à faire face lui-même à l'émeute. Ce ne fut qu'à neuf heures du soir qu'on put forcer les insurgés à battre en retraite.

Le lendemain, le czar Nicolas, guéri de sa crainte par le succès, commença son règne par de nombreuses arrestations, par des exécutions secrètes sans jugement. Le plus léger soupçon suffisait à la commission d'enquête instituée à ce sujet, pour motiver l'emprisonnement dans les conditions les plus dures. Des milliers d'innocents furent ainsi enlevés et restèrent longtemps enchaînés dans des cachots. Le procès des véritables conspirateurs, de cent vingt individus, dura six mois. L'arrêt ne fut rendu qu'en juillet 1826. Trente-six furent condamnés à mort, dont cinq à être écartelés ; les autres aux travaux forcés à perpétuité en Sibérie, avec dégradation de la noblesse et perte de nom. L'exécution eut lieu le 25 juillet. Mais en dehors de ces cent vingt condamnés, des milliers de fonctionnaires militaires ou civils, soupçonnés de libéralisme, furent dégradés, envoyés comme simples soldats à l'armée du Caucase, où, réunis en bataillons, ils ne tardèrent pas à disparaître.

Tel fut le début de l'empereur Nicolas dans la carrière gouvernementale.

La guerre entre la Turquie et la Grèce était alors dans toute sa violence. La Russie regardait avec satisfaction cette lutte acharnée qui affaiblissait en même temps deux peuples dont elle rêvait l'assujettissement. Depuis 1821, elle l'activait de son mieux en soutenant et encourageant les Grecs secrètement, mais non assez pour que le sultan l'ignorât, lorsqu'en 1826, par un revirement subit, le czar offrit des secours à la Porte pour étouffer la révolte des Grecs. Le grand-seigneur, qui savait à quoi s'en tenir sur la sincérité de l'empereur Nicolas, rejeta cette hypocrite proposition et persista à vouloir combattre seul l'insurrection grecque. Ce refus, qui enlevait à la Russie une occasion de se mêler plus intimement des

affaires intérieures de la Turquie, irrita profondément le czar; il ordonna à son ambassadeur à Constantinople de suspendre ses relations diplomatiques
avec le divan et de chercher un moyen de rupture.
D'autres agents réveillèrent d'anciens motifs de
haine de la Perse contre la Porte, et poussèrent le
fils du shah à envahir les provinces de l'Arménie
turque.

Le czar cherchait ainsi à irriter le sultan et à
provoquer de sa part une déclaration de guerre.
Nicolas n'a-t-il pas toujours l'adresse de pousser ainsi
à bout, par mille petites insultes, ceux qu'il veut
combattre et subjuguer? Nicolas est un fort habile
toréador politique. Il sait se faire attaquer au moment propice par l'ennemi dont il a excité froidement
la fureur. Les désirs du czar ne furent cependant pas
immédiatement exaucés. L'Europe voulait la conservation de la paix, et le congrès de Vérone avait
décidé, en 1822, au commencement du conflit entre
les Turcs et les Grecs, que la Porte avait le droit de
refuser toute intervention étrangère entre elle et ses
sujets, chrétiens ou mahométans. La Russie n'avait
pu encore faire revenir sur cette décision diplomatique; cependant elle voulait intervenir d'un côté ou
d'un autre, peu lui importait. La Porte ayant refusé,
le czar se rapprocha de la Grèce et chercha de ce
côté le prétexte de l'intervention.

L'Europe n'avait pu, sans une vive affliction, voir
se prolonger une aussi sanglante lutte. La Grèce,
accablée par des forces supérieures, avait, par son

courage héroïque, excité de nombreuses sympathies. La religion des souvenirs agissait puissamment aussi sur les esprits ; les classes éclairées avaient présents à leur pensée les beaux siècles de la Grèce antique, et reversaient en partie sur la Grèce moderne tous les sentiments que le collége avait laissés dans leur cœur. De toutes parts des secours étaient adressés aux Hellènes ; la poésie, la chaire et la tribune exaltaient à l'envi l'enthousiasme et prêchaient une croisade en leur faveur. L'opinion publique se prononça si hautement, enfin, que le gouvernement russe s'aperçut bientôt qu'en appuyant une cause devenue aussi populaire, les puissances n'oseraient plus s'opposer à une intervention généralement désirée.

En effet, devant l'intention bien manifeste de la Russie d'intervenir en faveur des Grecs, les gouvernements de France et d'Angleterre consentirent à se mêler à cette intervention, pour en limiter la marche et les résultats. Par un protocole signé à Saint-Pétersbourg, les trois puissances s'obligèrent d'abord à agir pacifiquement entre le sultan et les Grecs ; mais le sultan ayant refusé toute médiation, les trois puissances conclurent à Londres, le 6 juillet 1827, un traité par lequel elles se décidèrent à rétablir, même par la guerre, la paix entre la Porte et les Grecs, selon certaines conditions imposées à la fois aux deux parties, cependant avec suzeraineté et tribut annuel au profit du sultan.

La Russie avait alors un autre sujet de discussion avec la Porte ; elle réclamait, avec des formes peu

polies, comme c'est son habitude avec les faibles, la
stricte exécution de certains articles du traité de
Buckarest concernant le gouvernement des chrétiens
sujets du sultan dans les provinces nord-est de la
Turquie. Cette réclamation de la Russie n'avait pour
but que d'élever de nouvelles difficultés et d'amener
une rupture. En effet, en face de cette demande de
la Russie, la Porte rappela que cette puissance s'é-
tait solennellement engagée, par le même traité de
Buckarest, à restituer à la Porte plusieurs forteresses
sur la mer Noire, et que cependant elle les retenait
depuis quatorze années. La Russie répondit à cette
récrimination du divan par la présentation d'un ultimatum devant lequel le sultan dut s'incliner. Il en
résulta une convention par laquelle la Russie, en
échange de l'accession de la Turquie aux conditions
posées, renonçait à toute intervention dans les affaires
grecques. Mais, qu'on remarque bien ceci, le czar
ne ratifia cette convention que plusieurs mois après,
quand le traité de Londres l'engageait au contraire à
intervenir dans la question gréco-turque, de concert
avec la France et l'Angleterre.

La notification du traité de Londres par les ambassadeurs des trois puissances signataires, avec
injonction d'accepter la médiation ou de voir immédiatement prendre les mesures nécessaires au rétablissement de la paix, parut à la Porte l'équivalent
d'une déclaration de guerre, et le sultan fit faire
aussitôt des préparatifs de défense. Vainement la
France et l'Angleterre cherchèrent-elles à lui faire

comprendre l'inutilité de sa résistance ; il persista dans sa résolution de repousser toute intervention dans les affaires intérieures de son empire , surtout à cause de la Russie, dont il connaissait tout le mauvais vouloir. Enfin, après de nouveaux efforts pour arranger pacifiquement le différend, de la part de la France et de l'Angleterre, il fallut, la Russie poussant aux hostilités, en venir enfin aux mains. Le combat naval de Navarin , où la marine russe brilla peu à côté de ses deux alliées, fut, le 19 octobre 1827, le premier fait grave et à peu près le seul de cette triple intervention, qui donna le jour à un petit État grec. Selon le traité de Londres et le protocole du 22 mars 1828, il restait sous la suzeraineté de la Turquie et lui payait un tribut annuel ; mais le czar ayant fait nommer le comte Capo-d'Istria , un de ses dévoués sujets, président du nouvel État, il tomba sous l'influence russe.

Ce double succès, la destruction de la flotte et l'enlèvement d'une province turque, ne satisfit qu'imparfaitement le gouvernement russe ; il voulut qu'on donnât des suites au traité de Londres. Le sultan demandait satisfaction pour l'attaque dont il avait été l'objet, et réparation pour ses pertes. A la fin de décembre 1827, en attendant qu'on eût fait droit à ses réclamations, il rompit toutes relations avec les ambassadeurs des trois puissances. Dans cet état de choses, la Russie proposa aux cabinets de Londres et de Paris, d'occuper, elle, au nom des trois contractants, la Moldavie et la Valachie ; de faire entrer

une armée en Turquie, afin de forcer le sultan à accepter « sous les murs du sérail » les conditions de
paix qu'on voudrait lui dicter. Cette proposition , qui
démontrait trop clairement les intentions du czar, fut
repoussée, bien entendu, par la France et par l'Angleterre.

Ce refus irrita beaucoup le gouvernement russe.
Il déclara alors qu'il entendait exécuter le traité de
Londres selon sa volonté et sa convenance , et il se
prépara immédiatement, par de nombreuses levées,
à faire la guerre à la Turquie. Il rétracta cependant
sa déclaration précédente, sur les représentations des
cabinets de Londres et de Paris, qui lui démontrèrent
qu'il ne pouvait , sans leur consentement , exécuter
seul, à sa manière, un traité conclu entre trois. Cette
satisfaction diplomatique donnée aux puissances , il
n'en continua pas moins ses armements , bien décidé
à chercher et à trouver un autre prétexte à une déclaration de guerre.

La Russie était alors en guerre avec la Perse ;
c'est chez elle une habitude, on l'a vu dans le cours
de son histoire , d'attaquer alternativement la Perse
et la Turquie, ou une autre nation , mais jamais plusieurs nations à la fois. Elle sait toujours terminer à
temps une guerre commencée avec l'une avant d'attaquer l'autre. Si elle est fort adroite en cela , ses
adversaires sont vraiment bien niais de se laisser ainsi
battre l'un après l'autre , au lieu de s'unir contre
l'ennemi commun. L'une des principales causes des
grands et incessants succès de la Russie, c'est d'avoir

toujours su ne conserver devant elle qu'un adversaire armé. Si la Suède, la Pologne, la Turquie et la Perse, principales victimes de la Russie, se fussent entendues pour résister à l'ambition sans frein de cette puissance, elles ne seraient pas aujourd'hui mutilées, mortes ou mourantes des suites de ses coups.

La cause des hostilités qui avaient éclaté en 1827 entre la Russie et la Perse remontait fort loin. Nous avons parlé du traité de Gulistan, signé en 1816, dont l'exécution avait donné lieu, de la part de la Russie, à des actes de déloyauté et à des abus de force indignes d'une grande nation. Après de longues et violentes discussions sur la possession de quelques terrains et sur la délimitation des frontières, qui durèrent jusqu'en 1824, le traité semblait devoir recevoir son exécution et terminer les différends lorsque le gouverneur général Yermoloff prétendit que le chargé d'affaires avait dépassé ses instructions en cédant les terrains contestés, rompit les négociations et les fit occuper militairement. La cour de Téhéran protesta contre cette injuste occupation, et, à l'avènement de Nicolas, le shah envoya un ambassadeur à Saint-Pétersbourg pour y renouveler ses plaintes, pour réclamer le territoire indûment envahi, et pour fixer en même temps la ligne de démarcation des frontières restée jusque-là indéterminée.

Au lieu de répondre directement à l'ambassadeur du shah, le cabinet du czar décida que le prince Menschikoff, cet arrogant plénipotentiaire qui fut chargé de venir traiter dernièrement la question des lieux saints à Constantinople, serait envoyé à la cour de Téhéran pour terminer cette affaire sur les lieux et à l'amiable, disait-il. La mission de Menschikoff fut loin de prendre ce caractère conciliant. Arrivé à Téhéran, il prit le ton hautain qui lui est habituel, et ne voulut entendre parler ni de rendre le territoire contesté, ni même de l'évacuer provisoirement. Cette mauvaise foi, si longtemps persistante, si irritante, excita un mécontentement général en Perse, des cris de guerre s'élevèrent contre la Russie, et le shah Feth-Ali se décida à prendre les armes pour essayer de résister à l'oppression du czar. Le gouverneur général Yermoloff attendait cette rupture avec impatience; toutes ses dispositions militaires étaient prises pour entrer en campagne. Le général Paské-witch commandait l'armée.

Les hostilités commencèrent au printemps de 1827. La guerre ne fut pas longue. L'armée russe envahit l'Arménie, pénétra jusqu'à Erivan, que le général Paskéwitch emporta d'assaut, ainsi que la forteresse. Après plusieurs autres succès des troupes russes, le shah se vit contraint de demander la paix, et des négociations s'ouvrirent entre les deux puissances à Turkmantchaï, village de l'Arménie, près de Tauris. La Russie était pressée d'en finir avec la Perse pour attaquer la Turquie; le traité fut donc rapidement conclu, malgré les obstacles que les agents turcs cherchèrent à y apporter. Ils voulaient faire comprendre au shah qu'il n'était pas de son intérêt de faire la paix devant des revers, paix coûteuse, qui ne pouvait être durable ; qu'il serait plutôt de l'intérêt bien entendu de la Perse d'unir ses forces à celles de la Turquie, et de lutter ensemble contre leur ennemi commun. Mais Feth-Ali-Shah, effrayé des progrès de l'armée russe, et plus encore des menaces du général Paskéwitch, se hâta de conclure la paix. Le 22 février 1828, il signa le traité de Turkmantchaï, qui lui enlevait les provinces d'Erivan et de Naktchivan, avec plusieurs forteresses qui s'étendaient sur les deux rives de l'Araxe, fleuve désigné comme frontière des deux États. La Perse devait de plus renoncer à entretenir une marine sur la Caspienne, et payer, en outre, une énorme indemnité de guerre, plus de 50 millions de francs. Ce traité ruinait la Perse pour longtemps, et la laissait à la merci du czar Nicolas.

Libre alors d'attaquer la Turquie, Nicolas ne perdit pas un instant. Une lettre du sultan à ses pachas, écrite à propos de la conduite du gouvernement russe dans la question grecque, fut le prétexte de la déclaration de guerre. Cette lettre, peu flatteuse pour des oreilles russes, était un appel aux Musulmans pour se préparer à défendre leur patrie et leur loi contre les avides et cruels soldats moscovites.

L'armée qui devait agir contre la Turquie d'Europe était cantonnée dans les provinces méridionales, et s'élevait à plus de 100,000 hommes. Elle était commandée par le maréchal comte de Wittgenstein. Les Turcs n'avaient pas 80,000 hommes à leur opposer, encore n'étaient-ils pas réunis comme les Russes.

Le grand visir Hussein-Pacha en avait le commandement. Les hostilités commencèrent le 7 mai 1828 par le passage du Pruth (1). Les Turcs avaient laissé tout le pays entre le bas Danube et les Balkans à peu près sans défense ; Schumla et Varna étaient les points où ils voulaient arrêter l'ennemi. Le 20 juillet seulement l'armée russe arrivait devant Schumla, et l'assiégeait en vain, malgré la présence de l'empereur Nicolas, pendant plus de quarante jours, avec de grandes pertes. Irrité de cet échec, que son génie militaire ne sut pas éviter, Nicolas ordonna le siége de Varna, et assista encore aux travaux, espérant être plus heureux, car il ne doit pas avoir la prétention d'être un grand homme de guerre. Près de 60,000 hommes, cinq vaisseaux de ligne et plusieurs autres navires de guerre prirent part à cette attaque ; de nombreux bâtiments de transport ravitaillaient facilement les assiégeants ; 20,000 Turcs défendaient cette place. Ce ne fut cependant qu'après soixante-dix jours de tranchée ouverte que le gouverneur, acheté par l'or russe, osa songer à se rendre, quand il pouvait se défendre longtemps encore, quand les troupes du camp de Schumla pouvaient venir attaquer avec avantage les assiégeants. La prise ou mieux l'achat de Varna fut le seul succès important de cette

(1) *Le Spectateur militaire* ayant publié, dans son numéro du 15 janvier 1854, un article très détaillé sur les Campagnes de 1828 et 1829 en Turquie, nous croyons inutile de parler longuement de cette guerre.

F. D.

campagne, où de graves fautes furent commises de part et d'autre.

Le czar, mécontent de ce faible résultat, remplaça le maréchal comte Wittgenstein par le général Diebitsch. Le sultan, tout aussi peu satisfait du grand visir Hussein-Pacha, nomma à sa place Rechid-Pacha, sérasker de Roumélie. Le général Diebitsch fut un peu plus habile dans la campagne de 1829 que son prédécesseur; il sut mieux profiter du peu d'activité militaire des généraux turcs. Les troupes sortirent de leurs quartiers d'hiver dans les premiers jours de mars; mais les opérations ne commencèrent que le 17 mai, par l'investissement de Silistrie. Diebitsch battit les Turcs le 11 juin à Kulewtscha, il enleva Silistrie le 29 juin, mit un corps d'observation devant Schumla, et franchit aussitôt le Balkan par la route de Varna à Aïdos, qu'il atteignit le 25 juillet; il marcha ensuite résolûment sur Andrinople, où il arriva le 20 août, mais avec 20,000 hommes à peine, après avoir soutenu avec succès de nombreux combats, après avoir éprouvé de grandes pertes depuis le commencement de cette guerre par les fatigues, les privations et les maladies. Si Mustapha, pacha de Scodra, qui vint alors occuper Sophia et Philippopolis avec 40,000 Arnautes, eût voulu; si les pachas de Roustchouk et de Scutari, avec les troupes sous leurs ordres, avaient eu l'intelligence et le courage de la circonstance, pas un Russe n'aurait probablement échappé à la destruction.

Mais tous les chefs ottomans et les membres du Divan étaient démoralisés ; cette pointe hardie du général russe les avait glacés d'effroi ; les 20,000 hommes de Diebitsch leur semblaient une armée considérable, invincible ; l'effroi gagna de proche en proche, et il fut décidé dans le Divan, malgré le sultan Mahmoud, qui voulait résister, qu'on accepterait les propositions faites par les ambassadeurs des autres puissances sur une intervention pacifique de leur part. Les grands gouvernements de l'Europe étaient alors fort inquiets ; ils savaient que le czar, peu délicat dans ses moyens de conquête, fomentait une conspiration à Constantinople contre la vie du sultan ; ils avaient même reçu du cabinet russe des ouvertures sur certaines éventualités relatives à la chute de l'empire ottoman, et sur les combinaisons politiques qui pourraient remplacer cet État. En face de ces intentions et de ces intrigues, les gouvernements de l'Autriche, de la France et de l'Angleterre songèrent d'abord à soutenir la Turquie, à l'exciter à la résistance ; mais que pouvait le sultan avec une armée désorganisée, avec un Divan gagné, vendu en grande partie ? les puissances cherchèrent donc à arrêter la Russie, à sauver la Turquie de la ruine totale dont elle est menacée.

La médiation des trois États amena l'ouverture de négociations à Andrinople. Le général en chef russe autorisé les accepta avec joie, car sa position était fort exposée ; il lui restait à peine, au cœur de la Turquie, entouré de corps et de garnisons considérables, 15,000 hommes valides. Les conférences commencèrent, le 1ᵉʳ septembre, entre les plénipotentiaires des deux nations, et, le 14, la paix était signée, mais à des conditions telles que la Turquie était à la merci de la Russie, et ne pouvait plus vivre désormais qu'avec l'appui des puissances occidentales.

Pendant ces négociations, l'empereur Nicolas avait, comme toujours, donné l'assurance formelle qu'il ne songeait à aucun accroissement de territoire. Examinons les clauses du traité d'Andrinople, voyons une fois de plus comment l'empereur Nicolas remplit ses promesses. Par le traité d'Andrinople, la Turquie faisait cession à la Russie de tous ses droits sur le littoral de la mer Noire, depuis Anapa jusqu'à Poti, et sur les tribus du Caucase; elle lui abandonnait une partie du pachalik d'Akhilska ou Tcheldir, dans l'Arménie turque, avec les deux forteresses d'Akhilska et de Akhilki, qui ont une grande importance militaire : elles commandent les passages des montagnes qui séparent l'Arménie de la Géorgie. La Turquie donnait encore au czar les îles de l'embouchure du Danube, ce qui le rendait maître de la navigation du fleuve, dont il avait le libre parcours, ainsi que le passage des détroits pour ses navires de guerre, et leur entrée dans la Méditerranée, dans plusieurs cas, laissés au choix de la Russie. Le traité stipulait, de plus, la destruction de la forteresse de Giurgevo, ville de Valachie, sur le Danube, et l'abandon de la rive droite jusqu'à quelques lieues du fleuve; puis, à l'aide de dispositions politiques et de règlements sanitaires très habilement rédigés, il lia plus intimement que jamais la Moldavie et la Valachie au gouvernement russe, ne laissant à la Turquie qu'une suzeraineté purement nominale ; il en fut à peu près de même de la Bosnie et de la Servie. Le czar, enfin, imposa à la Turquie une énorme indemnité de guerre, en se réservant pour gages de cette dette la Moldavie, la Valachie et Silistrie, qu'il gardait entre ses mains.

Les conséquences politiques du traité d'Andrinople ne furent pas suffisamment appréciées par les puissances occidentales ; elles ne s'aperçurent pas alors que ce traité était un pas immense pour la Russie dans le démembrement de l'empire ottoman ; leurs yeux s'ouvrirent trop tard. Le gouvernement du czar s'empressa de mettre à exécution toutes les clauses de ce traité, celles surtout qui concernaient la cession du littoral de la mer Noire, depuis Anapa jusqu'à Poti, et le droit de suzeraineté sur les populations du Caucase. Il devait, selon lui, avec ces droits, se rendre maître avant peu de temps de tout l'isthme caucasien.

Mais, à cet égard, le gouvernement russe avait compté sans l'esprit d'indépendance des tribus du Caucase. Il essaya d'abord d'établir des relations amicales avec ces tribus, de séduire leurs chefs avec des pensions, des grades et des ordres militaires, avec des promesses surtout, qui coûtent beaucoup moins. Les Tcherkesses, auxquels il s'adressa premièrement, repoussèrent avec dédain ces offres, qu'ils prirent pour un signe de faiblesse, et continuèrent avec plus d'ardeur encore leurs incursions sur le territoire russe, pillant les villages et emmenant les habitants en esclavage. Les Russes ne tardèrent pas à user de représailles, et une guerre acharnée s'alluma entre les deux nations.

Le feld-maréchal prince Paskewitch, alors simple général, était chef de l'armée active du Caucase. Doué de talents militaires remarquables, il organisa son armée, il créa une flottille, bloqua rigoureusement les côtes de la mer Noire, de manière à empêcher tout secours d'arriver aux Circassiens. Ces mesures lui persuadèrent qu'une prompte soumission suivrait les premières hostilités. Il en fut autrement. Tous les efforts des Russes échouèrent devant l'intrépide résistance des tribus; ils enlevèrent bien quelques postes, ils s'emparèrent des places d'Anapa et de Poti, que leur avait données le traité; ils enlevèrent çà et là quelques forts; mais ils ne furent jamais maîtres que des points où ils étaient en force, et lorsque Paskewitch quitta le Caucase, en 1831, pour aller faire la guerre en Pologne, la conquête n'avait fait qu'un pas insensible. Le littoral seul était entamé; les armes russes n'avaient pu encore pénétrer dans l'intérieur.

Paris, 1ᵉʳ juillet 1854.

Nous sommes arrivés à temps. Aucun de ces grands chocs, que le rapprochement des armées et des flottes anglo-françaises du théâtre de la guerre peut dès à présent faire prévoir, n'a encore eu lieu. Tout s'est borné jusqu'à présent, entre les armées russes et les Ottomans, à quelques combats où le croissant l'a souvent emporté sur l'aigle russe (1), mais dont les ré-

(1) *Le Spectateur* a donné, dans son dernier numéro, 1ᵉʳ juin,

sultats n'ont rien de décisif, et dans le siége de Silistrie, où les armes du czar ont subi un échec marqué.
Nous pouvons donc, sans craindre d'être en retard,
terminer dans cette lettre l'exposition historique que
nous avons cru nécessaire de tracer avant d'aborder
le récit des événements politiques et militaires actuels.

Il nous a semblé utile, nous le répétons pour ceux
de nos lecteurs qui auraient voulu entrer sans préam-
bule sur la scène ouverte devant nous, il nous a
semblé utile, pour faire bien comprendre la haute
gravité de la situation, de faire précéder le récit de
ce qui se passe sous nos yeux, par un examen des
faits qui, depuis un siècle et demi, nous ont fatalement conduits vers un état de choses où le salut de
l'Europe, où l'avenir de la civilisation du monde sont
profondément compromis. Nous avons été long peut-
être, et cependant nous n'avons dit qu'une petite
partie de ce que l'Europe et l'Asie ont le droit de
reprocher au gouvernement de l'empire russe.

I

Lorsque la Révolution de juillet 1830 éclata, la
Russie s'occupait avec une vive ardeur de soumettre
le Caucase ; elle réunissait sur la ligne du Kouban et
du Terek toutes les forces dont elle pouvait disposer ;

---

un article intitulé : *Précis de la guerre d'Orient*, où les opérations
militaires sont décrites fort exactement, jusqu'au mois de mai
dernier.

elle augmentait son armée de Géorgie; elle fortifiait ses positions du littoral d'Anapa à Poti ; elle construisait et armait un grand nombre de navires de guerre dans ses ports de la mer Noire et de la Caspienne ; elle voulait enfin, selon les droits qu'elle prétendait avoir reçus par le traité d'Andrinople, arriver au plus tôt à la complète possession de l'isthme caucasien , qui arrêtait sa marche vers l'Asie Mineure et la Perse.

Le czar Nicolas apprit avec un profond mécontentement le soulèvement de la France et la chute de la branche aînée des Bourbons, car de nouvelles causes de désordres allaient naître de cet événement; car l'équilibre européen, si péniblement rétabli par les traités de 1815 , allait être ébranlé encore une fois, détruit peut-être ; car le czar n'était pas sûr enfin de conserver, au milieu de l'agitation des peuples, cette précieuse omnipotence européenne, que lui avaient donnée les traités de Vienne et dont il jouissait si largement. Aussi la colère de Nicolas contre Paris, contre la France, fut-elle violente, aussi éclata-t-elle mêlée de sanglantes menaces. Si la puissance de l'autocrate eût alors été au niveau de sa volonté, notre pays eût reçu une terrible leçon. Mais, quand il s'agit d'attaquer et de vaincre la France, vouloir est loin de pouvoir.

La colère du czar s'exhalait donc en vains cris, en furibondes déclamations contre l'esprit révolutionnaire, en intrigues diplomatiques pour arrêter cette nouvelle éruption du volcan de 1789, lorsque la Belgique eut sa commotion, lorsque de proche en proche, comme une traînée de poudre qui s'enflamme successivement, les petits États allemands, l'Italie et enfin la Pologne se soulevèrent et vinrent donner un nouvel aliment à la fureur de l'Empereur de toutes les Russies.

L'insurrection polonaise dérangea énormément les projets du czar : elle le força d'abord à rappeler en toute hâte une grande partie des troupes qu'il destinait à la conquête du Caucase ; il dut aussi renoncer à une expédition qu'il préparait à Orembourg, de concert avec la Perse, son alliée cette fois, contre le khan de Khivie. Enfin, si la Pologne fût restée calme, le czar eût pu, il y songeait sérieusement, organiser une nouvelle coalition européenne contre la France, et arriver peut être à l'envahissement et au partage de ce turbulent pays.

La révolution de Pologne éclata le 29 novembre 1830. L'armée russe ne franchit la frontière que le 5 février 1831. Le feld-maréchal Diebitsch la commandait. Supérieurs en nombre et en ressources militaires, les Russes durent l'emporter ; mais ils achetèrent la victoire au prix de rudes combats et de pertes considérables. La lutte parut si longue au czar, qu'il disgracia Diebitsch au commencement de juin, et appela au commandement de l'armée le feld-maréchal Paskéwitch, alors dans le Caucase. On sait la malheureuse fin de ce soulèvement prématuré. Après de nouveaux combats où le courage des Polonais brilla du plus grand éclat, Varsovie fut attaquée le

6 septembre, en partie occupée le 7, et volontaire-
ment soumise le 8, pour éviter une prise d'assaut et
ses terribles suites.

La chute de Varsovie entraîna bientôt la dispersion
et la ruine de l'armée polonaise ; quelques combats
suffirent pour en écraser les débris ; tout était fini le
24 septembre : L'ordre régnait à Varsovie, comme
osa le dire froidement à la tribune française un
général diplomate, et Paskéwitch, déjà comte d'E-
rivan, fut créé prince de Varsovie, vice-roi de
Pologne.

Après ce succès, l'autocrate se livra avec bonheur
à toutes les douceurs de la vengeance; il fut implacable. Son cœur resta fermé à toute pitié envers les
vaincus : emprisonnements, confiscations de biens,
tortures, travaux forcés dans les mines de Sibérie,
supplices avec raffinement de cruauté, rien ne fut
oublié pour punir cette malheureuse nation, coupable
d'avoir voulu reconquérir son indépendance. Nicolas voulait arriver à l'extermination ; il y marcha rapidement. En 1832, les routes de Pologne étaient
couvertes de longs convois de malheureux, à peine
couverts de haillons, à peine nourris, qu'on entraînait dans les déserts glacés de la Sibérie ; les moins
à plaindre, les hommes jeunes, étaient transportés
dans le Caucase, enrégimentés et placés dans les positions périlleuses, où la mort ne tardait pas à les
frapper. Cette affreuse persécution n'a pas discon-
tinué depuis. Le dépeuplement de la Pologne est
décidé.

La guerre de Pologne, la révolution belge, les mouvements insurrectionnels de plusieurs États de l'Europe, avaient détourné quelque temps l'attention de la Russie des affaires d'Orient, sans cependant lui faire perdre de vue la Grèce, que gouvernait fort autocratiquement le comte Capo-d'Istria. Cet homme-lige du czar froissait si rudement l'esprit des populations du nouvel État, qu'il excita de profonds mécontentements et enfin des révoltes. Les trois puissances protectrices, l'Angleterre, la France et la Russie, convinrent, selon la teneur du traité de Londres, de rétablir l'ordre. La Russie se hâta, en juillet 1831, d'envoyer une escadrille dans les eaux de l'Archipel pour soutenir son agent et pour s'emparer de la flottille grecque, vingt-huit navires de guerre, que commandait Miaulis; celui-ci, après avoir soutenu, le 8 août, un rude combat contre les Russes, se décida à brûler ses navires plutôt que de les livrer à l'ennemi. Cette destruction de la marine grecque, dont Capo-d'Istria était la cause première, augmenta tellement la haine publique contre lui, que le 9 octobre il fut assassiné à Nauplie, alors la capitale du petit État.

Cet événement, la continuation des troubles en Grèce, où plusieurs partis se disputaient le pouvoir, décidèrent la conférence de Londres, alors rassemblée pour la question hollando-belge, à remplacer la forme républicaine par un gouvernement monarchique, et le trône de Grèce fut donné, en 1832, au fils du roi de Bavière, Othon, enfant de dix-sept ans, qui semblait peu fait pour remplir cette difficile mission.

Pendant la guerre de Pologne , espérant que ce conflit lui offrirait une occasion favorable de reprendre à la Russie quelques parcelles du territoire ottoman , le sultan Mahmoud travailla activement à réorganiser et à augmenter son armée, affaiblie par la guerre de 1828-1829. Des officiers européens le secondaient dans cette œuvre ; elle marcha si rapidement que bientôt le sultan se crut en état d'attaquer sa puissante ennemie. La Pologne se défendait encore. Malheureusement pour le sultan , des traîtres étaient autour de lui; plusieurs membres du divan étaient vendus à la Russie. Les projets de Mahmoud furent livrés avant l'éclosion au czar, qui s'occupa aussitôt de les faire avorter. La diplomatie de Saint-Pétersbourg a toujours en réserve de nombreux moyens de faire naître des incidents favorables à sa politique ; ils ne sont pas toujours, il est vrai, d'accord avec la morale, mais qu'importe, le but, le triomphe de la foi orthodoxe, ne sanctifie-t-il pas les moyens ?

Les réformes politiques, administratives et militaires que le sultan avait introduites dans les États ottomans, et dont il poursuivait le développement avec ardeur, avaient provoqué de nombreux mécontentements parmi les vieux musulmans. Les pachas de l'Albanie, de Servie et de Bosnie, secrètement excités par des agents adroits, prirent les armes au moment où le sultan songeait à les appeler sous l'étendard du prophète pour attaquer la Russie. Ces insurrections en firent naître d'autres. Plusieurs pachas de l'Asie Mineure, de la Syrie, celui de Bagdad, voulurent profiter des embarras du sultan pour se rendre indépendants ; enfin le pacha d'Égypte, persuadé par insinuation étrangère que le sultan avait été ingrat envers lui, en ne lui donnant que Candie comme paiement de ses services dans la guerre de Grèce, le puissant Méhémet-Ali se préparait à envahir la Syrie, sous prétexte de griefs contre le pacha d'Acre.

En face de ces nombreux soulèvements, qui menaçaient son trône, le sultan dut non seulement renoncer à ses projets contre la Russie et contre la Grèce, mais il dut chercher des secours à l'extérieur pour résister aux pachas révoltés et pour arrêter la marche de l'armée égyptienne. La Russie, cause première de ces dangers, offrit, avec une grande affectation de désintéressement, son assistance au sultan. Celui-ci, très justement en défiance contre le czar, préféra s'adresser à la France et à l'Angleterre ; mais les cabinets de Paris et de Londres n'avaient alors à offrir à la Turquie que des promesses et une intervention diplomatique. Mahmoud ne crut pas à l'efficacité de ces moyens ; il accepta, en désespoir de cause, les secours matériels que lui offrait la Russie, et, avec une activité qui annonçait de longs préparatifs, une flotte et une armée parurent dans le Bosphore. C'était la première fois que le pavillon russe se déployait près de Constantinople.

Cette rapide intervention de la Russie alarma si

vivement les puissances occidentales, qu'elles se hâtèrent à leur tour d'intervenir entre le sultan et le
pacha, afin d'ôter tout prétexte à l'armée et à la flotte
du czar de rester plus longtemps dans le Bosphore.
Les plénipotentiaires de la France et de l'Angleterre
arrivèrent après la bataille de Konieh, qu'Ibrahim-
Pacha avait gagnée le 22 décembre 1832 sur l'armée
turque. Le vainqueur s'arrêta devant les injonctions
des envoyés, c'était le 20 janvier 1833 ; son armée
avait alors atteint Koutayeh ou Kioutahia , chef-lieu
du pachalick d'Anatolie , à cinquante lieues à peine
de Constantinople. Les négociations s'ouvrirent immédiatement, et le 14 mai, malgré les mille et un
obstacles que la diplomatie russe éleva successivement pour empêcher une réconciliation qui déran-
geait ses plans, un traité de paix fut signé entre le
sultan et le pacha. Il donnait à Méhémet-Ali le gouvernement de la Syrie et du district d'Adana ,
jusqu'au pied du Taurus , au même titre que l'É-
gypte.

La question turco-égyptienne étant ainsi pacifiquement résolue, et l'armée d'Ibrahim ayant commencé son
mouvement pour rentrer en Syrie, il fut impossible
à l'empereur Nicolas de trouver un motif valable pour
laisser son armée et sa flotte près de Constantinople :
la France et l'Angleterre ne l'auraient pas permis. Il
dut donc se décider, bien malgré lui, à rappeler ses
forces, à évacuer le territoire ottoman ; mais, dans
un manifeste, adressé à l'Europe et à l'Asie, l'orgueilleux autocrate ne manqua pas de faire sonner bien

haut toute la magnanimité de sa conduite ; sa modération et sa générosité envers le sultan : il n'avait pas trahi la confiance d'un souverain qui l'appelait à son aide, il ne s'était pas emparé de sa capitale ; il s'en vantait comme d'une belle action.

Mais derrière ce désintéressement, si fastueusement étalé, le czar se fit très largement payer son secours hypothétique. Le traité d'Unkiar-Skelessi, signé le 8 juillet 1833, contracté pour huit ans, établissait entre les deux puissances une alliance offensive et défensive ; puis, par un article secret, le sultan s'engageait à fermer les Dardanelles et le Bosphore aux vaisseaux de guerre étrangers, et à laisser, au contraire, ces détroits ouverts en tout temps à la marine russe. Ainsi le traité d'Andrinople avait à peu près détaché les Principautés danubiennes de l'empire ottoman pour les mettre sous la protection de la Russie ; il lui avait donné tous les droits du sultan sur le Caucase ; le traité d'Unkiar-Skelessi allait beaucoup plus loin : il liait la Turquie à la Russie, il la plaçait au rang de protégée. C'était un grand pas de fait vers la subjugation. La conquête par les armes eût provoqué, sans aucun doute, l'intervention des puissances occidentales ; un traité d'alliance, qui mettait à la disposition de la Russie toutes les forces vives de l'Empire ottoman, qui lui donnait le droit de se mêler de ses affaires intérieures et extérieures, conduisait au même résultat, plus lentement, mais aussi bien plus sûrement que la guerre.

Aussitôt que la France et l'Angleterre eurent connaissance de ce traité, elles protestèrent hautement contre l'article secret relatif au passage des détroits, puis contre la continuation d'occupation des provinces moldo-valaques et contre la prise de possession du littoral caucasien de la mer Noire.

Le gouvernement russe prit d'abord, dans sa réponse aux deux cabinets de Paris et de Londres, le ton arrogant qui lui est habituel et qu'il croit de la dignité, mais il sentit bientôt qu'il était prudent de ne pas pousser les choses trop loin et il consentit à évacuer les principautés danubiennes, à condition cependant que les troupes turques n'y rentreraient pas, et qu'aucun musulman ne pourrait y résider. Quant au Caucase, le czar ne demanda modestement qu'à tracer une ligne frontière, afin de mettre un terme aux brigandages des tribus, mais il ne disait pas que cette ligne devait lui assurer les passages difficiles du Caucase et le conduire un jour à la conquête. A ces conditions le czar consentait à faire remise au sultan du tiers de l'indemnité de guerre due depuis le traité d'Andrinople, Silistrie devant rester comme gage du paiement.

Ainsi, à la fin de 1833, solidement appuyée sur le Danube avec Silistrie pour tête de pont, suzeraine de fait des principautés moldo-valaques, protectrice du sultan, gardienne armée des détroits, la Russie étendait ses possessions sur la mer Noire des bouches du Danube au Phâse; sur la Caspienne, depuis l'Emba jusqu'au Talish, ces deux points se réunissant à travers l'isthme par une frontière nettement dessinée, du côté de la Perse par l'Araxe, en Géorgie et dans l'Arménie turque par une ligne de montagnes et de forteresses, d'où elle domine les contrées voisines. Il ne restait donc plus à la Russie, pour marcher rapidement à la conquête de la Perse et de la Turquie d'Asie, qu'à s'emparer du massif du Caucase, qu'à se tracer à travers des routes faciles et sûres. C'est à quoi songea alors le czar ; il voulut regagner le temps précieux que lui avait fait perdre la guerre de Pologne, et il ordonna d'immenses armements, de nombreux rassemblements de troupes en Crimée, sur la ligne du Kouban et en Géorgie (1).

Nous avons laissé l'armée du Caucase, dans notre précédente lettre, au moment où Paskéwitch en quittait le commandement pour aller terminer la guerre de Pologne. Le général Emmanuel, qui le remplaça en 1832, laissa peu de traces de son court passage. La prise de Soudjouk-Kalé, la fondation de quelques nouveaux postes sur le littoral, et une reconnaissance militaire et scientifique dans les environs de l'El-Brouz sont à peu près tous ses exploits. Son successeur, le général Rosen, fit davantage. En 1833, à force de promesses et de présents, il gagna en partie

(1) La guerre du Caucase offre un si puissant intérêt, elle est si riche en événements, en actes d'héroïsme ; les mœurs de ces quelques milliers de montagnards, qui, résistent depuis quarante ans à la Russie, présentent un si curieux sujet d'étude, que nous nous proposons, ne pouvant assez nous étendre dans nos lettres, de publier incessamment un travail à part sur cette guerre.

F. D.

les Soanes, tribus de l'intérieur. Dans la même année il fit une expédition contre l'un des chefs les plus renommés du Caucase, Kasi-Mollah, qui fut vaincu et tué, mais à la suite de sanglants combats et de pertes considérables, en officiers surtout, qui devinrent dès lors les points de mire des plus habiles tireurs des tribus.

Dans les années suivantes, la guerre fut continuée avec activité, mais sans succès marqués, sans que les troupes russes pussent s'établir solidement dans l'intérieur du Caucase. En 1834, le général Wiliaminoff, l'un des lieutenants de Rosen, fit une expédition entre le Kouban et Ghélindjik, pour étudier le pays et préparer le tracé d'une route militaire entre ces deux points, qui n'étaient en communication que par mer; mais il ne résulta de cette pointe qu'une grande perte d'hommes et des fatigues inouïes.

C'est vers cette époque que le nom de Schamyl commença à être connu et vénéré des tribus du Caucase. Cet homme, devenu si célèbre depuis, habitait alors une petite forteresse nommée Akoulgha ou Achulgo, dans le Daghestan ; c'est de là, qu'à la tête de quelques centaines de montagnards, auxquels s'unissaient souvent les guerriers des deux Kabardah, il faisait des courses sur le territoire russe et y causait de grands ravages.

Le général Wiliaminoff exécuta en 1835 une seconde expédition sur la ligne suivie en 1834, mais sans beaucoup plus de succès. La colonne, forte de près de 5,000 hommes et 12 pièces de canon, fut si vivement harcelée dans sa marche par les montagnards, qu'elle put à peine déblayer le terrain sur lequel elle voulait ouvrir une route. En 1835 le même général entreprit une troisième expédition vers Pchade et Soudjouk-Kalé, le long du littoral. Une flottille suivait la côte, à hauteur de la colonne, pour l'appuyer au besoin et la ravitailler. Avant de se mettre en marche, le général russe avait adressé une gracieuse proclamation aux Tcherkesses, pour les engager à se soumettre au traité d'Andrinople, leur promettant la paternelle bienveillance et les nombreux bienfaits que le czar prodiguait à ses sujets. Les montagnards répondirent à cette invitation par un refus net et par une prise d'armes générale. La colonne russe franchit les défilés qui séparent Anapa de Soudjouk-Kalé, mais au prix d'énormes sacrifices d'hommes et sans avoir fait autre chose qu'un rapide reconnaissance.

Persuadé que sa présence accélérerait de beaucoup la conquête du Caucase, l'empereur Nicolas se décida, en 1837, à venir sur le théâtre de cette guerre, si longue et si coûteuse. Il profita de ce voyage pour visiter la Russie méridionale où commandait, depuis 1823, le comte Michel de Woronzoff, comme gouverneur général. Le général comte de Witt, dont nous avons déjà parlé, était inspecteur général des colonies militaires de cavalerie. Ces deux hauts fonctionnaires ne voulurent pas que Nicolas trouvât le pays moins beau et moins riche que ne l'avaient vu Catherine II et Alexandre. Plus habiles machinistes encore que leurs devanciers, ils élevèrent une nou-

velle ville, Voznesensk, sur le Bug, en moins de trois
mois ; ils couvrirent le steppe de palais, de villas, de
jardins anglais, de métairies. Les soldats, créateurs
de ces éphémères merveilles, enlevèrent de vive force,
aux propriétés les plus voisines, arbres, meubles,
paysans et paysannes nécessaires à la représentation
de cette féerie. On dit qu'après la chute du rideau
les soldats retinrent un peu trop longtemps dans la
coulisse les jolies comparses enlevées pour ce spec-
tacle.

Ce fut après ces jeux, qui coûtèrent quelques millions de roubles et quelques milliers d'hommes à la
Russie, que le czar, ébloui par cette puissance factice
qu'on étalait devant lui, arriva à l'armée du Caucase.
L'empereur Nicolas a certainement un aspect fort
imposant, mais il se croit plus imposant encore qu'il
n'est ; il est persuadé que son regard trouble, fascine
ceux qui l'approchent, qu'il les force à s'incliner, à
se soumettre. Ainsi convaincu de sa puissance personnelle, il voulut en essayer sur les chefs du Caucase.
Il fit prier les principaux Tcherkesses et Tchetchens
de venir près de lui pour conférer, leur donnant sa
parole impériale qu'ils seraient bien traités et laissés
libres. La conférence eut lieu ; mais, loin de recevoir
un bon accueil, loin d'entendre des paroles de paix,
de conciliation, ces chefs ne trouvèrent chez l'autocrate que roideur et fierté, que colère et menace. Les
conférences furent rompues, les montagnards se reti-
rèrent dans leurs tribus plus aigris que jamais. La
guerre fut reprise avec plus d'acharnement qu'aupa-

ravant, et les Russes furent battus deux fois pendant le séjour de l'Empereur dans le Caucase.

L'année 1838 ne fut pas plus heureuse pour les armes russes. Un corps de 8,000 hommes, qui tenta un débarquement dans la baie de Mamaï, fut entièrement défait par les Circassiens. Peu de temps après, le général Sass essuyait un grave échec. En 1839, le même général était encore battu dans une expédition, et les Tcherkesses enlevaient plusieurs forts sur les côtes de Circassie et d'Abkhasie. Pendant que Sass se laissait ainsi vaincre, le général Grabbe, autre lieutenant du général en chef Golowin, perdait en vain 4,000 hommes devant le rocher d'Achulgo, où Schamyl s'était réfugié avec quelques centaines d'hommes, et n'avait pu s'emparer du chef montagnard.

Cette longue et héroïque résistance de quelques milliers de paysans mal armés contre une puissante et brave armée, sans cesse renforcée par d'excellents soldats, commandée par les meilleurs généraux de l'empire russe, était vraiment incompréhensible pour le czar. Il ne pouvait comprendre en effet, lui, combien l'esprit d'indépendance augmente la valeur individuelle, combien l'amour de la patrie multiplie la puissance d'un peuple. Nicolas crut à l'incapacité de ses généraux ; il voulut savoir enfin la vérité sur cette guerre, il chargea un de ses favoris, le prince de Tchernicheff, ministre de la guerre, d'aller étudier l'état des choses et de lui en rendre un compte exact.

II

Pendant que l'armée russe du Caucase traçait lentement vers le midi, au prix de son meilleur sang, un chemin à l'insatiable ambition de son maître, des événements très graves avaient lieu en Europe ; de nouvelles causes de discordes s'amoncelaient autour de la question d'Orient et la guerre éclatait une seconde fois entre la Turquie et l'Égypte.

Le cabinet de Saint-Pétersbourg voyait avec chagrin la paix régner en Europe. Le calme ne convient pas à sa politique envahissante ; il lui faut du désordre, des insurrections, la guerre enfin pour marcher librement à l'exécution de ses plans. La diplomatie russe travaillait donc activement depuis 1833 à troubler ce calme, à répandre au sein des nations des germes de guerre.

L'harmonie la plus complète régnait entre la France et l'Angleterre. Les États de l'Allemagne se ralliaient successivement à l'association douanière (zollverein) provoquée par la Prusse, et préparaient ainsi, par l'union commerciale, la grande unité nationale que rêvent les nations germaniques ; l'Italie et la Grèce, émues encore de leurs dernières agitations, cherchaient à rétablir leur prospérité ; la Turquie, enfin, s'occupait sérieusement de se régénérer au souffle de la civilisation de l'occident ; elle voulait se dépouiller de son fanatisme, de ses vieilles mœurs, et prendre rang parmi les grandes nations de l'Europe. Mais toutes ces bonnes choses ne convenaient pas à la

Russie ; elle ne voulait pas d'union intime entre la France et l'Angleterre, pas de nationalité allemande, pas de prospérité en Grèce, pas de régénération en Turquie. Elle se mit donc à l'œuvre pour désunir et pour empêcher.

Le gouvernement russe avait depuis de longues années des griefs contre le prince régnant de Servie, Milosch Obrenowitch : il ne se montrait pas assez dévoué au czar ; il songeait à faire de la Servie un État riche et indépendant. De sourdes intrigues se nouèrent alors autour de Milosch. En 1835 des agents russes parvinrent à soulever les notables contre lui, à propos d'une charte donnée au peuple, à mettre même sa vie en danger. Enfin, en 1839, après avoir enlevé à Milosch toute influence politique sur son pays, on le força, à la suite d'un conflit entre le sénat, gagné à la Russie, et lui, le 3 juin, à signer son abdication, et à laisser le pouvoir à un enfant maladif, dont la mort prochaine ouvrirait le champ à de nouvelles intrigues. Pendant que cette trame se nouait, la Russie cherchait à créer d'autres embarras à la Turquie.

Le sultan Mahmoud voyait avec quelque jalousie, c'était presque naturel, l'accroissement continu de la puissance égyptienne. L'ambassade russe avait alors à Constantinople une mission nettement tracée. Elle fouettait les passions du sultan ; elle l'irritait contre l'orgueilleux vassal qui trônait en souverain sur les bords du Nil ; puis, avec toutes les précautions d'une adroite flatterie, elle persuadait au grand sei-

-gneur qu'il lui serait très facile de renverser Méhémet-Ali. Mahmoud aspirait avec délices ces nuées d'encens, il crut ce qui donnait satisfaction à sa haine, et on le décida facilement à revenir sur le traité de Kutayah, qui donnait à Méhémet-Ali, à titre héréditaire par ordre de primogéniture, le gouvernement de l'Égypte, de la Syrie, d'Adana, des îles de Chypre et de Candie, et à réduire le puissant pacha au gouvement à vie de l'Égypte seule.

Méhémet-Ali refusa de souscrire à ce caprice du sultan ; il voulut bien rester vassal, mais aux conditions du traité signé en 1833. Ce différend, où la Russie jeta de l'irritation à pleines mains, amena bientôt une rupture et une prise d'armes. L'armée turque, sous le commandement d'Hafiz-Pacha, franchit le Taurus le 13 avril 1839. Le 4 juin elle campait dans la plaine de Nézib, près du petit village de ce nom, entre Alep et Marach, non loin de l'Euphrate, d'où Hafiz envoya des détachements pour soumettre la Syrie. A la nouvelle de cette marche, l'armée égyptienne s'était portée en avant, et se dirigeait rapidement vers Nézib. Le 20 juin, Ibrahim-Pacha rencontrait deux régiments turcs à Mizar et les écrasait ; le 21, il fit une reconnaissance générale de la position des Turcs; le 22 et le 23, il fit ses dispositions d'attaque ; le 24, la bataille eut lieu. La défaite des Turcs fut complète. Ibrahim-Pacha aurait pu, sans aucun obstacle, franchir de nouveau le Taurus et se porter rapidement sur le Bosphore, mais il suivit les sages conseils de la France; il voulut mettre de son côté la justice et le droit, il s'arrêta à Marach, il attendit.

Cette prudente conduite du fils de Méhémet-Ali devait empêcher une grave conflagration ; elle fut donc mal accueillie de l'autocrate, qui voulait la guerre, afin d'avoir un nouveau motif, selon le traité d'Unkiar-Skelessi, d'occuper le Bosphore et Constantinople. Les circonstances étaient en effet très favorables aux desseins secrets de la Russie, le sultan Mahmoud était mort peu de jours après la bataille de Nézib, le 1er juillet ; son fils, Abdul-Medjid, jeune homme de seize ans, venait de lui succéder. On ne pouvait laisser échapper une aussi bonne occasion ; la diplomatie russe se mit donc à l'œuvre, elle circonvint en même temps les cabinets de Londres, de Vienne et de Berlin, elle dicta ses volontés au divan ; elle démontra à tous qu'il y aurait danger pour les trônes à laisser impuni un vassal révolté ; elle défendit, avec une éloquence que la sincérité seule devrait donner, l'intégrité de l'empire ottoman ; enfin elle parvint, la ruse et l'hypocrisie aidant, à faire signer à Londres, le 15 juillet 1840, le traité de la quadruple alliance, dont la France était exclue.

Ce traité prescrivait au pacha d'Égypte d'évacuer immédiatement la Syrie et le district d'Adana, de rendre Candie, les villes saintes, de restituer la flotte turque qui s'était donnée au pacha peu de jours auparavant ; enfin de réduire à un chiffre fixé ses forces de terre et de mer. Mais ce qui enchantait surtout le czar dans ce traité, fruit de deux années de sourdes intrigues, c'est qu'il blessait la France, c'est qu'il la brouillait avec l'Angleterre, c'est qu'il la jetait dans un isolement complet. Le czar espérait que la France se montrerait susceptible, querelleuse, qu'elle demanderait satisfaction de cette insulte, et qu'une bonne guerre de quatre contre un naîtrait de ce conflit.

Le gouvernement russe se trompa. Le cabinet des Tuileries ne se laissa pas prendre à ce piége tendu à son amour-propre ; il accepta l'isolement, sûr de n'y pas rester longtemps ; mais il ne put persuader tout d'abord aux trois puissances entraînées par la Russie, qu'en affaiblissant l'Égypte, en incendiant ses vaisseaux, en bombardant les villes de la Syrie, elles accéléraient la décadence et la ruine de l'empire ottoman, elles travaillaient pour le czar.

Les fâcheux résultats du traité du 15 juillet ne tardèrent pas du reste à se montrer aux yeux de l'Angleterre. Lord Palmerston comprit bientôt qu'il avait fait fausse route ; qu'en obéissant trop légèrement aux inspirations d'une rancune, née de l'opposition qu'il avait rencontrée aux Tuileries dans les mariages espagnols et dans ses projets sur l'isthme de Suez, qu'en se rendant aux désirs du cabinet russe, en éloignant la France du concert européen, il avait enlevé à l'Angleterre sa plus sûre et sa meilleure alliée. Du moment où la lumière se fit dans l'esprit de lord Palmerston, il s'occupa activement à rétablir l'harmonie entre les deux grandes nations, et chercha à enlever à la Russie tout prétexte de faire usage des forces qu'elle préparait pour intervenir dans le différend entre le sultan et le pacha.

La question turco-égyptienne n'avait pas détourné le gouvernement russe de ses autres desseins. Il faut lui rendre justice, il est fort habile, il sait mener de front, avec calme et énergie, ses nombreuses intrigues. Comme l'aranéide au centre de sa toile, il veille avec une attention vigilante, infatigable, sur toutes les parties du globe où touchent ses intérêts. Pendant que le baron de Brunow préparait les fils de la quadruple alliance, pendant que l'Angleterre et l'Autriche ravageaient la Syrie et minaient ainsi la puissance du sultan, d'autres agents russes soulevaient les provinces danubiennes de la Turquie; le czar ordonnait de pousser avec plus d'activité que jamais la guerre du Caucase, et préparait à Orembourg une expédition contre Khiva. Allié de l'Angleterre dans la question turco-égyptienne, il était contre elle en Asie. L'Angleterre envahissait alors l'Afghanistan, Nicolas envoyait un corps d'armée vers Khiva, afin de se rapprocher ensuite de Bokhara et de Balkh, d'où l'on peut facilement donner la main aux Afghans. Il expédiait en même temps des officiers instruits près de l'armée persane qui assiégeait Hérat, que des officiers anglais défendaient; il envoyait des agents à Dost Mohammed, chef du Caboul, pour s'allier à lui contre les Anglais. Les immenses développements de la puissance anglaise dans les Indes, leur tendance à pénétrer vers le nord-ouest et l'ouest, vers le Lahore, le Caboul et la Perse, inquiétaient sérieusement le gouvernement russe. L'expédition de Khiva était un premier pas pour s'opposer à cette extension britannique.

L'expédition de Khiva, commandée par le général Pérowsky, quitta Orembourg en novembre 1839. Elle était composée de 25,000 hommes, 75 pièces de canon et 12,000 chameaux chargés de munitions de guerre et de bouche. Le motif apparent de cette invasion était l'enlèvement de quelques Russes par les Khiviens ; le motif réel était le désir de dominer dans l'Asie centrale, et de se frayer à l'orient de la Caspienne une route vers les Indes. De nombreuses explorations de ces contrées avaient été faites à diverses époques, nous l'avons déjà dit, pour préparer cette prise de possession. Mais, commencée trop tard, l'expédition de Pérowsky n'eut pas de succès. Les troupes eurent beaucoup à souffrir dans leur marche entre la Caspienne et l'Aral, par le mauvais temps et le froid, puis par les attaques incessantes des nombreux cavaliers kirghiz et khiviens. Le 12 janvier 1840, la colonne russe eut un rude combat à soutenir contre ces hordes demi-sauvages ; elle les repoussa, mais quelques jours après, le froid devint si intense, la colonne perdit un si grand nombre d'hommes, de chevaux et de chameaux, qu'à la fin de janvier elle dut commencer son mouvement de retraite. Le 14 février elle était revenue sur l'Emba, où elle retrouva ses magasins, et de là, après quelques jours de repos, elle regagna Orembourg.

Revenons à la question turco-égyptienne. La solution n'en était pas facile. La flotte coalisée bombardait les côtes de Syrie, occupait quelques villes ; le jeune sultan Abdul-Medjid, guidé par un divan en partie gagné aux intérêts russes, prononçait, en août 1840, la déchéance de Méhémet-Ali ; mais ce firman était difficile à mettre à exécution ; le pacha d'Égypte n'était pas homme à céder sans résistance, et la puissance ne lui manquait pas. Ibrahim, après avoir évacué les places du littoral qu'il ne pouvait défendre, avait pris position avec l'armée égyptienne, forte de 70,000 hommes, dans le Liban, entre Acre et Damas. La flotte du pacha, à laquelle s'était ralliée la flotte turque, comptait 18 vaisseaux de ligne, 8 frégates et plus de 20 autres navires de guerre ; elle occupait Alexandrie. Lorsque le firman de déchéance fut signifié à Méhémet-Ali, le 21 août, il donna aussitôt l'ordre à son fils de franchir le Taurus, de marcher rapidement sur Constantinople, et à sa flotte de mettre à la voile, de se diriger sur les Dardanelles.

Ces ordres arrangeaient très bien la Russie ; elle allait pouvoir encore intervenir, envoyer sa flotte de Sébastopol et ses troupes au secours de son allié le sultan ; mais il n'en était pas ainsi des autres puissances. Cette éventualité de guerre dans le Bosphore, entre le sultan et Méhémet-Ali, guerre où la Russie interviendrait militairement, pouvait amener des complications très graves, surtout en face des armements considérables que la France, menacée dans son isole-

ment, faisait dans une intention inconnue encore. Les
dangers de cette situation firent réfléchir les cabinets
de Londres, de Vienne et de Berlin; le sultan fut engagé, en octobre 1840, à rapporter le firman de déchéance et à n'exiger de Méhémet-Ali que l'abandon
de la Syrie, d'Adana, des villes saintes, de Candie,
que la reddition de la flotte, en lui laissant l'Égypte
à titre héréditaire. Tout en accédant en apparence à
ces propositions, le cabinet russe excita secrètement
le sultan à refuser de revenir sur son firman, et à exiger la déchéance.

Pendant ces négociations visibles ou cachées, la
flotte combinée terminait ses opérations sur les côtes
de Syrie; sir Charles Napier se portait vers Alexandrie et s'embossait, le 21 novembre, avec 12 gros
navires de guerre devant le port. Il était chargé de
présenter au pacha l'ultimatum des puissances coa-
lisées, rédigé d'après les propositions convenues plus
haut. Après quelques conférences avec le commodore
anglais et le pacha, conseillé par la France, qui avait
envoyé M. de Walewsky près de lui pour l'engager à
arrêter la marche d'Ibrahim, alors à Marach au pied
du Taurus, Méhémet-Ali accepta enfin le 25 les conditions posées par les quatre puissances.

Cette convention, qui terminait pacifiquement ce
dangereux conflit, ne fut pas reçue avec plaisir par le
cabinet russe. L'ambassadeur du czar à Constantinople reçut aussitôt l'ordre précis d'empêcher à tout
prix la ratification par le sultan de cette convention,
qui détruisait tous les plans préparés. Le divan, que

les largesses russes rendaient facile, engagea le sultan à tenir ferme, à persister dans sa volonté ; mais d'autres influences, celles de la France et de l'Angleterre, agirent bientôt après sur le sultan, sur la partie honnête du divan, et changèrent ces mauvaises résolutions écloses sous le souffle russe ; le 29 décembre un firman de grâce partait de Constantinople pour Alexandrie. Il accordait au pacha le gouvernement de l'Égypte à titre héréditaire ; malheureusement il laissait le choix du successeur, dans la famille de Méhémet-Ali, à la disposition du sultan. Or, le pacha voulait qu'Ibrahim lui succédât. Il refusa donc d'accepter ce firman et se prépara de nouveau à la guerre.

La clause qui donnait au sultan le choix de l'héritier du pacha était évidemment d'origine russe. C'était un dernier effort des agents du czar pour empêcher la réconciliation entre Méhémet-Ali et Abdul-Medjid. Cette clause disparut peu après devant de nouvelles instances de la France et de l'Angleterre, et un nouveau firman, du 13 février 1841, reconnut l'hérédité directe. Le vieux pacha se rendit enfin et fit sa soumission. Un firman du 21 mai régla tous les rapports politiques et administratifs entre le gouvernement turc et l'Égypte, fixa le chiffre des forces militaires et navales que devait entretenir le pacha, et la cérémonie d'investiture, qui eut lieu à Alexandrie le 10 juin, vint clore cette période de luttes et d'intrigues où la diplomatie russe ne joua pas un beau rôle.

Le gouvernement russe n'ayant pu faire naître de

la question égyptienne le désordre et la guerre, chercha des terrains plus fertiles pour y jeter de nouveaux
germes de dissensions et de révoltes. L'empire ottoman lui offrait vingt provinces où la semence devait
rapidement lever. Aussi, bientôt après la solution pacifique du conflit entre le sultan et Méhémet-Ali, de
nombreuses insurrections éclatèrent en même temps
sur divers points de la Turquie, à Rhodes, à Candie,
à Samos, en Thessalie, dans l'Epire, en Bulgarie, en
Roumélie, puis en Valachie et en Moldavie. On aurait
dit qu'une conspiration générale, parfaitement ourdie,
obéissait à un signal donné. Le gouvernement grec
n'était pas plus calme ; évidemment travaillé par
l'esprit qui agitait les provinces, il voulut profiter
des embarras de la Turquie pour reculer ses frontières. Au milieu de ces dispositions hostiles, l'ambassadeur turc à Athènes fut insulté dans une cérémonie publique. La Porte demanda satisfaction ; Othon
refusa en prétendant que tous les torts étaient du côté
de l'agent turc. Le sultan répondit à ce refus par une
déclaration de guerre. Othon effrayé, sollicita aussitôt l'intervention des puissances protectrices, mais la
Russie seule promit de soutenir la Grèce dans cette
querelle, d'où pouvaient sortir quelques chances favorables à ses vues.

La France, qui venait de rentrer alors, par le traité
du 13 juillet 1841, dans le concert européen, offrit
sa médiation dans ce nouveau conflit ; mais elle ne
put vaincre le mauvais esprit qui animait le roi Othon.
Loin de reconnaître ses torts, il réclamait la Thessa-

lie ; il élevait une foule de difficultés sur la délimitation des frontières, et ne voulait accorder aucune indemnité pour les propriétés turques saisies par lui; enfin, il poussa si loin ses injustes prétentions, que le sultan se décida à faire des armements pour mettre à la raison cet incommode voisin. C'était ce que désirait la Russie.

Mais toutes ces insurrections soulevées dans les provinces européennes de l'empire ottoman, la guerre déclarée entre le sultan et la Grèce, l'anarchie régnant en Syrie et dans le Liban, la haine née en Égypte, ne suffisaient pas encore au gouvernement russe, il voulut chercher un ennemi de plus au malheureux sultan; il souleva, en mars 1842, un différend entre la Turquie et la Perse, à propos de la ligne des frontières en Arménie, question à laquelle se mêlaient des réclamations d'argent, 45 millions de piastres, que le shah faisait au sultan. La guerre ne tarda pas à sortir de ce conflit, qui n'eût jamais eu lieu sans les perfides excitations des agents de la Russie auprès des deux puissances ; mais il devait en résulter des combats, un affaiblissement de chaque côté, et par suite une plus grande facilité à la Russie de faire successivement la conquête des deux États. Si un tel calcul n'est pas moral, il est au moins fort logique. C'est tout ce que demande le cabinet russe.

Sur d'autres points les intrigues russes portaient aussi leurs fruits. Au mois de septembre 1842, une véritable révolution éclatait en Servie, et coûtait le pouvoir à Michel, fils de Milosch Obrenowitch, que la Russie faisait remplacer par un tout dévoué, le petit-fils de Czerny Georges, Alexandre Georgewitch, filleul de l'empereur Alexandre, élevé dans une école militaire russe. N'était-ce pas faire de la Servie un fief de l'empire russe ? M. de Boutenieff, qui avait fort adroitement conduit cette affaire, en commença aussitôt une du même genre en Valachie. L'hospodar Alexandre Ghika, longtemps esclave soumis à la Russie, avait osé lever la tête et résister à certaines exigences. Les boyards et le parti national, obéissant tout à coup à une influence secrète, accusèrent Ghika d'abus dans l'administration, de dilapidation des deniers publics, enfin, l'assemblée générale prononça sa déchéance en novembre 1842. Les boyards et l'assemblée avaient sans doute raison, mais si l'hospodar Ghika eût continué à être le servile agent du czar, il fût sorti innocent de cette accusation.

Il est évident aujourd'hui, que M. de Boutenieff, autorisé sans aucun doute, a seul machiné et conduit cette double intrigue. Mais le gouvernement russe ne voulut pas qu'on pût le soupçonner d'agir ainsi, d'avoir une politique de ténèbres, lui qui a de hautes prétentions à la franchise et à la loyauté. Que faire ? Protester contre des faits accomplis, désavouer et punir quelques agents obscurs. Le consul de Russie à Belgrade, qui n'était pas dans la confidence du complot contre Michel, ayant protesté contre le fait de déposition, ne fut que blâmé en secret ; mais le consul général de Bucharest fut accusé d'imprévoyance, et rappelé pour ne s'être pas opposé à la déposition de

Ghika. Pour mieux tromper les cabinets européens, l'empereur Nicolas adressa, le 24 novembre 1842, une lettre autographe à son frère, le sultan Abdul-Medjid, pour lui témoigner son mécontentement sur la révolution de Servie, et sur la nomination, sans son consentement, du successeur de Michel, dont il demanda le rétablissement immédiat. Cette lettre fut officiellement communiquée aux ambassadeurs des autres puissances, et M. de Boutenieff, lui, auteur de ce fait, déclara au divan qu'il quitterait Constantinople si l'on ne faisait droit à la demande de son maître.

Les ambassadeurs des grandes puissances, qui croyaient le divan coupable de ces dépositions inopportunes, se décidèrent à demander aussi, comme la Russie, et pour éviter tout motif de conflit, le rétablissement des deux princes. Pendant ces négociations, la Russie reprit son jeu secret ; le czar envoya M. de Lieven à Belgrade pour soutenir Alexandre George-witch ; à Constantinople, Boutenieff excita les membres gagnés du divan à repousser la demande des quatre grandes puissances pour le rétablissement de Michel. Ce double rôle ne trompa point le prince de Metternich, et une armée autrichienne se rassembla sur les frontières de Servie, pour faire face aux événements.

Cependant il fallait répondre à la lettre autographe de Nicolas. Céder, c'était abdiquer, c'était se déclarer le vassal du czar. Le jeune sultan le comprit ainsi et répondit, en janvier 1843, par un refus très ferme

aux injonctions de son trop puissant allié. M. de Boutenieff n'osa pas envoyer la lettre du sultan à son
maître ; il ne lui en adressa qu'un extrait. L'assemblée générale des états de Valachie élisait alors comme
hospodar, en remplacement de Ghika, M. Bibesco,
fort dévoué à la Russie, en secret du moins.

Le différend survenu entre la Perse et la Turquie
venait, après quelques combats, d'être arrangé par
la médiation de l'Angleterre. La Russie ne s'y était
pas opposée ; elle avait assez d'occupations pour le
moment, le Caucase commençait à l'inquiéter sérieusement. Non seulement l'armée ne faisait aucun progrès réel, mais fort souvent essuyait des revers ; un
camp venait d'être enlevé pendant la nuit ; des forts
avaient eu le même sort ; les garnisons du littoral de
la mer Noire ne pouvaient sortir sans danger de leurs
postes fortifiés. Dans cette situation, en face des
éventualités de guerre prochaine qui semblaient naître
en Europe, le czar se décida à renoncer, pour un
temps du moins, à la guerre offensive dans le Caucase, et à entrer dans la voie des négociations jusque
là si fructueuse. Cela fait, Nicolas fit marcher sur la
Bessarabie un corps de 60,000 hommes, afin de pouvoir occuper les principautés moldo-valaques, si le
sultan persistait dans son refus à propos de la Servie.

L'ambassadeur russe présenta son ultimatum en
mars. Il demandait la mise en jugement des fauteurs
de la révolution serve de septembre 1842, lui, seul
coupable de ce fait ; la destitution immédiate d'A-
lexandre Georgewitch, et une élection nouvelle d'après

les lois en vigueur. Quelle comédie ! il exigeait une réponse dans les vingt-quatre heures. Le sultan demanda un délai, on lui accorda avec peine quinze jours. Le 4 avril M. de Boutenieff présentait au sultan la réponse du czar à sa lettre. Le czar persistait dans ses exigences, et le faible sultan, peu sûr d'être appuyé dans sa résistance, car l'Autriche, qui avait deviné le but secret de l'intrigue de Servie, lui conseillait de céder, se soumit à la force, il accepta les conditions de l'ultimatum. Le prince Alexandre George-witch abdiqua le 20 mai, et le 27 juin il eut à subir une seconde élection qui, faite en présence de M. de Lieven, fut enfin approuvée. C'est ainsi que le gouvernement russe se jouait de la Turquie, qu'il la forçait à obéir à tous ses caprices.

Le calme était à peine rétabli en Servie, que la Bosnie et la Bulgarie, agitées par des agents russes, s'insurgèrent et demandèrent à grands cris une diminution d'impôts, puis à être gouvernées, comme la Servie, la Valachie et la Moldavie, par un prince de leur nation. Presque en même temps l'Albanie se soulevait également pour obtenir une exemption d'impôts pendant cinq ans et demander un nouveau gouverneur. Le Monténégro était en armes et nécessitait l'emploi de forces considérables pour être réduit. Enfin, dans la nuit du 14 au 15 septembre 1843, le peuple d'Athènes, fatigué comme toute la Grèce, du lourd gouvernement bavarois, des énormes impôts dont on l'accablait, et sans aucun doute excité par ses co-religionnaires moscovites, se porta sur le palais,

demanda une constitution libérale, un changement
immédiat de ministère, et le renvoi de tous les Bavarois ; Othon promit en tremblant tout ce qu'on lui
demanda et signa tout ce qu'on lui présenta. Peu de
jours après, cette agitation s'étendait sur toute la
Grèce, et de nombreuses sociétés (hétéries), organisées secrètement pour travailler à l'affranchissement
des Grecs, se montrèrent dans les provinces encore
soumises à la Turquie.

Ces insurrections, dues certainement aux sourdes
menées des agents russes, avaient pour but de harceler la Turquie, d'user ses forces en petites luttes,
de l'empêcher de s'occuper de grandes et utiles choses,
d'arrêter enfin cette régénération que rêvaient les
hommes éclairés de la Porte, et qui seule pouvait
sauver la nationalité ottomane. Mais le gouvernement
russe, qui cherchait par tous les moyens possibles à
accélérer la décadence et la ruine de la Turquie, ne
voulait pas que l'Europe pût l'accuser de cette ruine.
L'hypocrisie est un hommage indirect rendu à la
vertu ; un gouvernement, comme un homme, n'avoue
pas volontiers des actes contraires à la morale, à la
probité. Le gouvernement russe, fort enclin, pour
servir ses intérêts, à commettre des actes répréhensibles, tout en désirant conserver aux yeux du monde
l'apparence d'un beau caractère, était donc souvent
forcé de faire de l'hypocrisie. Le czar n'y manqua
pas à propos de l'insurrection libérale de la Grèce ;
comme dans la révocation du prince Michel de Servie,
il affecta une vive colère en apprenant l'attentat com-

mis par les révolutionnaires grecs contre leur roi Othon. Il exigea le rétablissement immédiat de l'ordre de choses ancien, et destitua, par un ukase du 28 octobre, le ministre russe près la cour d'Athènes, qui n'avait pas su prévenir ou réprimer l'insurrection du 15 septembre.

Ainsi dégagé au grand jour de tout soupçon de coopération avec l'insurrection grecque, le czar fit appuyer secrètement les chefs du mouvement et fit raviver dans le peuple les désirs de constitution et d'indépendance qui semblaient s'affaiblir et se calmer. Il espérait que de graves événements sortiraient de cette révolution, et qu'il pourrait, au milieu du tumulte et des guerres civiles, se poser en médiateur, puis en maître. Le régime constitutionnel, dont l'autocrate était l'ennemi né, put donc s'établir en Grèce, avec son appui caché. Le 20 novembre, une Assemblée nationale se réunissait à Athènes, et dans la séance d'ouverture, à laquelle assistaient tous les ambassadeurs étrangers, moins celui de Russie bien entendu, puisque le czar désapprouvait officiellement, le roi Othon parla comme si la constitution nouvelle qu'on lui arrachait fût son œuvre chérie, et il en jura le maintien avec un élan de cœur parfaitement simulé. Othon avait fort bien appris son rôle.

Voilà donc la Grèce lancée dans la voie constitutionnelle ; il fallait faire exécuter un mouvement en sens contraire à la Porte, afin d'amener un jour ou l'autre un choc violent entre deux systèmes opposés. L'influence russe à Constantinople opéra d'abord un changement de ministère, elle fit destituer tout ce qui était dévoué aux idées libérales. Reschid-Pacha fut envoyé en France comme ambassadeur : c'était un exil honorable. Puis, maître de la situation, l'ambassadeur russe attendit l'instant de faire un nouveau pas, tout en attisant çà et là, tantôt sur un point, tantôt sur un autre, le feu de l'anarchie et de la guerre civile.

III

L'année 1844 fut féconde en agitations de tout genre : ce fut une des plus actives périodes de la diplomatie russe ; elle semblait impatiente d'atteindre un but, d'obtenir de grands résultats. Aussi déployat-elle sur tous les théâtres un talent et une ardeur remarquables. Dès le commencement de janvier, des troubles éclataient à Jassy ; les boyards moldaves se levaient contre leur hospodar Stourdza. Des mouvements semblables avaient lieu en Valachie contre Bibesco. En Servie, c'était une conspiration pour assassiner Alexandre Georgewitch , et ramener la famille Obrenowitch. L'Albanie était loin d'être calme ; l'Italie même, plus éloignée du cercle habituel des intrigues russes, l'Italie s'agitait : on pressentait que la Russie voulait étendre sa scène d'action ; l'or et les armes ne manquèrent pas aux insurgés de la péninsule. Cette fièvre soudaine s'emparait aussi de Venise et attirait sur elle les rigueurs de l'état de siége autrichien. Enfin, des signes de mécontentement se montraient en Lombardie, en Bohême, en Silésie.

C'est en ce moment, quand une grande partie de l'Europe est agitée, quand le Nord souffle sur l'Orient et sur l'Occident le vent des discordes, c'est alors que l'empereur Nicolas visite les souverains de l'Autriche et de la Prusse, qu'il voit les princes de l'Allemagne; c'est alors qu'il étend ses pérégrinations jusqu'en Angleterre, en évitant avec soin le moindre contact avec la France. Dans quel but le czar promène-t-il ainsi sa grandeur? Ce voyage près de la reine Victoria n'a-t-il pas quelques secrètes relations avec la position, alors très délicate, de la France et de l'Angleterre? La France menaçait le Maroc; elle se préparait à venger ses justes griefs à Isly, à Tanger, à Mogador. L'affaire Pritchard, de ridicule mémoire, était aussi, lors de ce voyage, dans son paroxysme; l'irritation était vive de part et d'autre : un rien pouvait faire éclater un conflit entre les deux grandes puissances de l'Occident. A qui ce conflit aurait-il parfaitement convenu? A la Russie, que l'union de la France et de l'Angleterre paralyse dans tous ses mauvais projets.

Pendant que l'empereur Nicolas cherchait ainsi des ennemis à la France, qu'il travaillait à l'isoler de nouveau comme en 1840, espérant cette fois en tirer meilleur parti, les armées russes se faisaient battre presque continuellement dans le Caucase. Vainement les Russes avaient-ils, après le cruel échec du général Grabbe, dans son expédition de Dargo contre Schamyl en 1842, voulu renoncer à la guerre offensive, si chère en hommes, et se borner à entourer le pays de fortifications, à cerner et à isoler les tribus, à couper toutes communications avec la mer, d'où elles recevaient des armes et des munitions; vainement les

généraux du czar ont-ils essayé avec elles de la séduction : sur aucun point la résistance n'a cessé ,
jamais les attaques n'ont été plus fréquentes. Le gouvernement, fatigué de cet essai, dut enfin renoncer
à ce système et revenir à la guerre offensive au printemps de 1844. Le général Yermoloff commandait
alors dans le Caucase ; il avait remplacé le général
Golowin, destitué avec le général Grabbe, en 1842,
lors de l'échec de ce dernier dans son expédition
contre Dargo. Mais ni Yermoloff, ni ses lieutenants,
Neidhart et autres, ne furent plus heureux ; vainement
ils poursuivent Schamyl, devenu le héros du Caucase, vainement ils incendient de magnifiques forêts
pour forcer les montagnards à sortir de leurs refuges,
Schamyl les bat en détail et échappe toujours à leurs
piéges, les tribus les harcèlent, les déciment et trouvent de nouveaux refuges.

Ennuyé de ces longs revers, dont le dernier a lieu
en 1844, encore devant Dargo, principale place de
guerre de Schamyl, le czar se décida, au commencement de 1845, à nommer le comte Michel Woronzoff, gouverneur général de la Russie méridionale
depuis 1823 , au commandement des provinces et
de l'armée du Caucase, et lui donna comme première œuvre à accomplir, la destruction de Dargo.
Le général Woronzoff désapprouva cette expédition qui devait coûter beaucoup de monde sans résultats équivalents; car Dargo n'était pas pour Schamyl
un point stratégique important, et il pouvait facilement le remplacer. Mais si le czar n'est pas général,

il est entêté, il veut fortement ; il fallait donc détruire Dargo. Le général prit donc avec résolution et habileté toutes les mesures nécessaires pour assurer le succès de l'entreprise, et en juillet il se mit en marche. Schamyl ne chercha pas cette fois à défendre sa place ; il se contenta de harceler la colonne russe et de lui tuer le plus d'hommes possible. Dans la dernière journée, quand les Russes ne furent plus qu'à quelques lieues de Dargo, il ordonna aux habitants d'emporter leurs effets les plus précieux et de brûler ensuite la ville. Elle était en flammes quand Woronzoff arriva en vue.

Il ne restait plus au général en chef qu'à se retirer, car il n'avait devant lui que des ruines et nul ennemi à combattre ; il ordonna donc la retraite. Là commencèrent les plus graves dangers pour la colonne russe. Toutes les tribus tcherkesses des environs accoururent pour lui fermer le passage, et bientôt, dans un étroit défilé, elle fut entourée d'ennemis acharnés, en tête, sur les flancs et en queue, qui, cachés par les rochers et par les arbres, faisaient pleuvoir sur elle une grêle de balles. Heureusement pour Woronzoff une division, commandée par le général Freytag, vint le dégager de cette dangereuse position ; mais cette affaire coûta aux Russes près de 4,000 hommes, dont trois généraux.

Woronzoff avait prévu ce résultat, il l'avait dit à l'empereur Nicolas. Aussi, dans l'entrevue qu'il eut avec lui peu de temps après, à Sébastopol, ne reçut-il pas de reproches ; il fut au contraire autorisé à conduire les affaires du Caucase en souverain, n'ayant à rendre compte qu'au czar. Il fut aussi convenu qu'on renoncerait aux grandes expéditions, mais qu'on harcèlerait sans cesse, avec de nombreuses colonnes mobiles, les tribus hostiles, et surtout les troupes de Schamyl, pour les fatiguer et les diviser. Pour atteindre ce but sans dégarnir les places et les forts, l'empereur porta à 150,000 hommes l'armée confiée à Woronzoff, qui reçut alors le titre de prince.

Ce nouveau système, imité des Français en Afrique, cette immense puissance accordée au gouverneur général, n'accélérèrent pas de beaucoup les progrès des Russes, et n'arrêtèrent en rien les succès de Schamyl. En mai 1846, à la tête de 20,000 combattants, dont 4,000 cavaliers, il osa, à travers deux lignes de camps russes et de nombreux établissements de Cosaques, pénétrer jusqu'en Kabardie, pillant et ravageant les pays soumis, évitant les colonnes envoyées à sa poursuite, et rentrer dans ses montagnes avec une armée plus nombreuse qu'à son départ du Daghestan, et de plus, avec un immense et riche butin.

Mais quittons ce théâtre d'une lutte peu glorieuse pour les armes russes, et rentrons en Europe où de très graves événements vont se développer, vont remettre en question le repos du monde.

IV

L'agitation que les agents de la Russie avaient fait naître dans les provinces turques, en Grèce, en Italie et sur quelques points de l'empire d'Autriche, dans

la Lombardo-Vénétie et en Bohême, pendant ces dernières années, venait de pénétrer en Gallicie, où elle
prit bientôt la forme et les proportions d'une affreuse
guerre civile. Qui excita les paysans galliciens à se
ruer sur les seigneurs, sur les propriétaires, à pro-
mener sur cette malheureuse contrée, par bandes de
10,000, le meurtre et l'incendie, le pillage et le viol ?
On n'ose vraiment dire qui on soupçonne de ce
crime odieux, commis à la face de l'Europe en 1846
et 1847.

La république de Cracovie, ce dernier lambeau de
la Pologne, cette ville, ce petit territoire restés libres
au milieu de trois monarchies absolues, était un re-
proche vivant, un importun souvenir d'un acte qu'on
aurait voulu faire oublier : la république de Cracovie
fut condamnée. On y provoqua quelques réunions de
Polonais, si peu bruyantes, si bien cachées, que le
sénat de la ville les ignorait et qu'il garantit la sécurité de l'État aux trois résidents des grandes puissances qui l'interrogeaient. Malgré cette assurance,
le 18 février 1846, le général autrichien Collin, qui
commandait un petit corps dans le voisinage, pénétra dans la ville et arrêta quelques personnes.

Il n'en fallut pas davantage, au milieu de l'effer-
vescence des esprits, pour faire éclater une véritable
insurrection, amener des combats et la retraite du
général autrichien. Mais ici, comme en Gallicie, les
paysans étaient excités contre les classes supérieures,
ils les attaquent, les dispersent, et le général Collin
revient sur Cracovie. Le 1er mars, les troupes russes
et prussiennes, cantonnées aux environs, s'unissent à

lui, et le 4, tous prennent possession de la ville. Aussitôt les trois souverains protecteurs de la petite république décident par leurs plénipotentiaires, après de longues et difficiles conférences, le 11 novembre 1846, que la ville et le territoire de Cracovie, 23 milles carrés et 150,000 habitants, appartiendraient à l'Autriche et seraient incorporés à la Gallicie. La Russie et la Prusse reçurent de l'Autriche quelques villes ou terres et quelques milliers d'habitants, comme compensation. Ainsi disparut le dernier vestige de l'indépendance polonaise.

La France et l'Angleterre, émues de cette nouvelle spoliation, de cette violation des traités de 1815 et du droit des gens, protestèrent avec énergie ; mais divisées alors par la question des mariages espagnols, les deux cabinets ne s'unirent pas pour blâmer ensemble ce méfait politique : chacun adressa sa note à part, l'Angleterre le 23 novembre, la France le 3 décembre, et la protestation resta sans effet. Le quatrième et dernier partage de la Pologne fut un fait accompli.

L'empereur Nicolas, pendant cette exécution, visitait ses frères couronnés, ou plus justement ses grands vassaux de l'Allemagne ; il eut de nombreuses entrevues avec eux. Il vint même en Italie ; il voulut, lui chef du catholicisme grec, saluer le chef du catholicisme romain. Quel était le but de ce voyage à Rome ? Nicolas ne pouvait faire une telle démarche sans but, car tous ses pas, comme toutes ses paroles, sont calculés. Le czar, profondément convaincu que

le culte grec est le seul orthodoxe, le catholicisme par
excellence , ne songeait-il pas dès lors à absorber
Rome et le pape , à écraser l'islamisme, à faire de
Constantinople la métropole politique et religieuse du
monde, dont il prendrait le sceptre et la tiare?

Il ne serait pas impossible qu'une telle pensée fût
née au cœur de l'autocrate. Pensée grande et belle
si elle avait pour base les intérêts de la civilisation et
du progrès humain, si l'on rêvait à l'unité morale,
intellectuelle et physique du vieux continent, c'est-à-
dire à l'union pacifique de toutes les nations. Mais
que sortirait-il d'une telle puissance aux mains du
czar moscovite? qu'obtiendraient l'Europe et l'Asie
réunies sous cette brutale autorité? Une unité de lourd
despotisme, un abrutissement général, un silence universel de sentiments et de pensées, une vie végétative
enfin. Voilà ce que donnerait au monde ce pieux empereur de toutes les Russies, qui ne parle qu'au nom
de Dieu, qui ne pense, dit-il, qu'au bonheur et au
salut de tous.

Une émotion générale suivit de près les sanglants
désordres de la Gallicie et la violation flagrante des
traités à Cracovie. L'Europe comprit dès lors que la
foi jurée était un vain mot, que les actes les plus so-
lennels n'étaient plus des garanties devant le caprice
ou l'intérêt d'un pouvoir sans limites. Cette émotion
se développa rapidement et prit bientôt une teinte
politique marquée. Au commencement de 1847, les
partis, assez calmes jusque-là, se levèrent et déployè-
rent leurs bannières. Bien que de nombreuses causes

de division existassent depuis longtemps dans le sein
des nations, bien que le feu des discordes civiles ne
fût pas éteint malheureusement en Europe, ce feu
était sur beaucoup de points à l'état latent; il s'a-
moindrissait peu à peu sous le développement de
l'intelligence publique, devant l'épanouissement pro-
gressif du bien-être de tous; de jour en jour, devant
des sentiments plus élevés, devant des intérêts mieux
compris, ces haines de classes ou d'opinion se cal-
maient : si des agents malveillants n'eussent pas
soufflé le feu, n'eussent pas irrité ces passions, l'immense incendie de 1848 n'eût pas éclaté.

Mais il fallait du désordre, il fallait des luttes, des
guerres civiles pour avancer certains projets; il fallait
que l'Europe occidentale tourbillonnât dans l'anarchie et dans le sang, pour ne rien voir de ce qui se
faisait en Orient. Cette agitation, évidemment préparée, existait en Suisse déjà depuis plusieurs années,
entre les cantons catholiques et les cantons protes-
tants. Après la visite de Nicolas à Rome, elle commença en Italie sous la forme de progressistes et de
rétrogrades. Le pape, le roi de Sardaigne, le grand-
duc de Toscane s'étant mis, dans des intérêts divers,
à la tête des premiers, l'empereur d'Autriche et le
roi de Naples s'inquiètent et arment : le premier con-
centre des troupes sur le Pô, et fait occuper Ferrare ;
le second ouvre ses prisons et prépare ses échafauds.
En France, la lutte commença sous les noms de réforme et de Guizot. Tout s'engage à merveille et l'on
bat des mains à Saint-Pétersbourg ; on se prépare,

par des armements rapides et étendus , à tirer bon parti des prochaines circonstances ; car il était déjà facile, au commencement de 1848, de pressentir que l'Europe marchait vers une crise redoutable, et cette crise n'avait pas eu son germe en France : c'était une mauvaise semence que le vent du nord nous avait apportée.

Le prétexte d'armements et de mouvements de troupes était né pour la Russie. Les puissances occidentales, l'Angleterre et la France surtout, toutes deux en dehors des machinations du gouvernement de Saint-Pétersbourg, ne pouvaient se formaliser des précautions que prenait le czar contre ce qu'il appelait la propagande révolutionnaire, lui le plus actif révolutionnaire du xixe siècle. Ainsi la Pologne , la Volhynie, la Podolie et la Bessarabie s'encombrent de troupes ; les principautés moldo-valaques sont de nouveau occupées, malgré les réclamations de la Porte, malgré l'esprit et la lettre des traités ; les généraux russes les administrent et y lèvent les impôts comme en pays conquis. L'Angleterre et la France adressèrent vainement des remontrances au cabinet du czar ; il y répondit en augmentant l'armée d'occupation. Au mois d'avril 1848 , elle s'élevait à 72,000 hommes et 60 bouches à feu. Le sultan protesta de nouveau, on ne daigna pas même lui répondre. L'heure avançait où l'autocrate allait essayer d'en finir avec cette puissance dont l'agonie durait trop longtemps.

Pendant ce temps-là, l'agitation européenne s'étendait, la France avait fait sa révolution de Février. Le royaume Lombardo-Vénitien , Rome, la Toscane et Naples étaient en pleine insurrection. Le Piémont libéral entraînait Charles-Albert et se préparait à la guerre ; l'Allemagne commençait à bouillonner. Le Danemarck n'était pas tranquille. La Prusse et l'Autriche, enfin, voyaient avec effroi entrer chez elles ce levain révolutionnaire qu'elles avaient repoussé avec tant de soin jusque-là. Ce fut en face de ces mouvements populaires que les trois grandes puissances de la sainte-alliance de 1815 , la Russie, l'Autriche et la Prusse, se lièrent de nouveau par un traité offensif et défensif, qu'elles se préparèrent par de nombreux armements , l'Autriche et la Prusse à lutter contre l'esprit d'indépendance qui les menaçait, la Russie à tirer le meilleur parti possible de ce même esprit qu'elle avait contribué à réveiller.

La conduite du gouvernement russe pendant la seconde moitié de l'année 1848 et pendant les années qui suivirent, jusqu'à la mission du prince Menschikoff, est si importante comme sujet d'études politiques, elle se noue si intimement, sous le rapport militaire, aux événements accomplis et à ceux qui se préparent, que l'espace nous manquant ici, nous remettons à notre prochaine lettre cette dernière partie de notre examen historique.

Paris, 1ᵉʳ octobre 1854.

I

Au commencement de l'année 1848, disions ...... en terminant notre dernière lettre, l'Europe était profondément agitée, des insurrections éclataient chaque jour sur quelques points ; on pouvait déjà pressentir, aux symptômes caractéristiques qui se montraient çà et là, qu'une immense commotion politique et sociale menaçait l'Occident.

Quelles étaient les causes de cette fièvre de révolutions qui s'empara tout à coup des peuples, les poussa à l'anarchie et à la guerre civile ? Il serait fort embarrassant, fort délicat, aujourd'hui, de répondre catégoriquement à cette question complexe. Il y aurait beaucoup de principes à poser et à discuter, beaucoup d'hommes à mettre en scène, beaucoup trop de choses à dire enfin. Ne parlons ici que du rôle de la Russie dans cette grande tourmente, où l'avenir des nations a été mis en jeu, et amenons l'empereur Nicolas jusque dans la lice où se joue en ce moment, en son

17

nom d'un côté, et au nom de la civilisation de l'autre, un des plus grands drames politiques et militaires que l'histoire ait eus à décrire.

On a généralement attribué aux tendances libérales du pape Pie IX, et à quelques institutions municipales accordées par lui, en 1847, aux États de l'Église, la surexcitation démocratique qui embrasa l'Italie, et de là se répandit sur tout l'occident de l'Europe. Mais le souffle de l'esprit russe ne serait-il pas pour beaucoup dans le violent incendie qui s'alluma bientôt après? Le czar, révolutionnaire ou contre-révolutionnaire selon les temps et selon les lieux, avait alors besoin, pour les intérêts de son ambition et de sa politique, d'un soulèvement général de l'Europe occidentale; il l'obtint, et il ne manqua pas d'en accuser la France.

Il ne faut pas cependant attribuer à Nicolas seul cette grande explosion populaire, ce serait exagérer sa puissance malfaisante. Le czar fut pour beaucoup, sans aucun doute, dans ces soulèvements des nations contre leurs gouvernements; mais les gouvernements attaqués n'y furent-ils pas eux-mêmes pour quelque chose? Avaient-ils aussi religieusement rempli leur mandat qu'ils le devaient? N'avaient-ils pas quelques fautes à se reprocher envers leurs sujets? L'histoire le dira plus tard : l'histoire n'oublie rien, ne cèle rien ; elle dit tout, bien ou mal ; elle ne fait pas de courtisanerie posthume. Laissons donc à l'histoire le soin de dessiner, à traits larges et hardis, les hommes et les choses de cette époque.

Quoi qu'il en soit des États de l'Église, l'insurrection se répandit rapidement sur toute la péninsule
italienne et en Sicile, puis dans la Lombardo-Vénétie,
en France, dans les petits États de l'Allemagne, en
Prusse, en Danemark, en Autriche, en Bohême, en
Hongrie, dans les provinces danubiennes de l'empire
ottoman, sur toute l'Europe occidentale enfin, à des
degrés divers. La Belgique, la Hollande et la Suède
restèrent seules complétement calmes, au milieu de
ce grand conflit. Honneur à ces trois États! Ce
calme fait à la fois l'éloge des gouvernants et des
gouvernés.

L'empereur Nicolas, fort bien informé de ce qui se
passait en Europe, apprit le 7 mars, au milieu d'un
bal au palais d'hiver, la nouvelle de la révolution
parisienne du 25 février. On dansait une mazourka
lorsqu'un aide-de-camp présenta un papier au czar.
Après l'avoir lu tout bas, non sans une émotion visible, il s'avança au milieu de la salle ; sur un signe la
musique se tut, un profond silence régna, et Nicolas
relut à haute voix la dépêche télégraphique ; puis
s'adressant aux nombreux officiers qui l'entouraient,
il ajouta : « Préparez-vous à monter bientôt à cheval. »
Dès le point du jour, le 8 mars, un ukase annonçait
à la Russie les événements de la France, ordonnait la
mise sur le pied de guerre de l'armée, afin d'arrêter
le torrent de l'anarchie qui menaçait l'Europe. Des
courriers se dirigeaient à toute bride de Saint-Pétersbourg vers tous les points de l'empire, pour ordonner
des levées et presser les armements commencés.

D'autres courriers franchissaient les frontières occidentales, portant aux souverains de la Prusse, de l'Autriche et de la Confédération germanique l'ordre de se préparer, selon les traités de 1815, à réprimer, par une intervention armée, toute tentative révolutionnaire des peuples, surtout de la France, et, peu après, le czar renouvela avec les deux grandes puissances allemandes les anciens traités d'alliance offensive et défensive. Mais ces souverains étaient trop occupés chez eux déjà pour pouvoir entreprendre une grande guerre extérieure. Les uns cherchaient à calmer leurs sujets par des proclamations tout imprégnées de bienveillance et d'amour, par des promesses magnifiques, par des concessions réelles ; les autres songeaient à les faire rentrer dans l'obéissance par la force.

Le czar, de son observatoire du Nord, étudiait avec une sérieuse attention tous les symptômes de cette convulsion européenne, et se préparait à en tirer parti. Le 28 mars, une proclamation de Nicolas Ier disait au monde : « Après une longue et heureuse paix, des troubles ont éclaté à l'Occident, la révolte et l'anarchie se sont rapidement répandues sur l'Allemagne, sur les États d'Autriche et de Prusse, nos alliés, où ils menacent de renverser tous les pouvoirs légaux et tout ordre social. Aujourd'hui l'audace des révolutionnaires ne connaît plus de bornes ; elle menace notre Russie que Dieu nous a confiée. Mais il n'en sera pas ainsi. D'après le saint exemple de nos prédécesseurs orthodoxes, nous sommes prêts, en invoquant l'appui de Dieu tout-puissant, à combattre nos ennemis partout où ils se présenteront, et, sans reculer devant aucun sacrifice, nous protégerons, dans un accord indissoluble avec notre sainte Russie, l'honneur et l'inviolabilité de nos frontières..... Dieu est avec nous ! »

Les actes suivirent de près les paroles. La police ferma hermétiquement les frontières à toutes les productions intellectuelles de l'Occident. Les voyageurs furent fouillés et interrogés avec un soin extrême, les livres et les journaux confisqués sans exception ; enfin la Russie, comme la Chine, se barricada contre la civilisation. La Pologne fut occupée par une nombreuse armée russe ; ses frémissements de liberté sont regardés comme crimes. Le vice-roi Paskéwitch réunit les principaux habitants de Varsovie, leur fit de nouveau prêter serment à l'Empereur, et les prévint qu'au premier mouvement ils seront rudement frappés. Un très grand nom... . .e jeunes hommes sont enlevés, enrôlés et transportés dans le Caucase.

L'empereur d'Autriche et le roi de Prusse agissent un peu plus humainement à l'égard de leurs provinces polonaises. Mais ils ne peuvent empêcher l'insurrection de pénétrer dans le duché de Posen, en Gallicie, et à Cracovie.

Pendant ce temps, la guerre éclatait entre l'Autriche et le Piémont ; la Lombardo-Vénétie se déclarait indépendante et prononçait son union avec les États sardes ; la Hongrie prenait les armes ; les Slaves des contrées sud de l'Europe manifestaient l'intention de créer un royaume indépendant sous la protection de la Russie; les meneurs de cette intrigue convoquèrent même une assemblée générale slave à Prague, pour le 30 mai.

L'esprit d'insurrection qui agitait l'Europe ne tarda pas à pénétrer dans les Principautés danubiennes. La Valachie voulut aussi une constitution plus libérale que celle qu'on lui avait accordée; le 24 juin, les boyards et le peuple demandèrent de nombreuses réformes à l'hospodar Bibesco. On voulut qu'il renonçât au protectorat russe. Il essaya de résister, mais les troupes refusèrent de marcher, et le prince fut forcé d'accepter, le 26, la constitution que lui imposait la volonté nationale. Le général russe Duhamel, qui commandait le corps russe de Bessarabie, protesta contre ces concessions, et menaça Bibesco de la colère du czar. L'hospodar, effrayé par ces menaces et par les nouvelles concessions que lui demandaient les Valaques, essaya de fuir le 2 juillet; mais arrêté peu après, on le força d'abdiquer, puis on le laissa s'évader.

Un gouvernement provisoire, ayant à sa tête le métropolitain, fut établi. On organisa une garde nationale et l'on procéda avec calme à une nouvelle élection, afin d'ôter tout prétexte à l'intervention russe. Mais la Russie a toujours un prétexte pour intervenir. La Moldavie est aussi sous le protectorat moscovite, la Moldavie allait obéir à la contagieuse influence de sa voisine et imposer une constitution libérale à son hospodar. Le général Duhamel, pour prévenir, dit-il, cette violation des traités, pour pro-

téger le prince Stourdza, et pour suivre ses instructions secrètes, franchit le Pruth, le 6 juillet, à la tête
de 25,000 hommes et s'établit, le 10, à Jassy, dai-
gnant à peine informer le sultan de cette invasion.

Quelques jours après, lorsque les Russes furent
solidement établis dans leur camp près de Jassy, la
diplomatie commença ses manœuvres. Le consul de
Russie à Bucharest demanda au gouvernement provisoire le rétablissement de Bibesco, prévenant qu'un
refus nécessiterait l'entrée d'une armée russe en Valachie. Le gouvernement provisoire voulut d'abord
résister, mais ne trouvant pas dans le peuple l'esprit
nécessaire à un soulèvement général , il fut forcé
d'abandonner le gouvernement et de chercher, à son
tour, son salut dans la fuite, bien que le Sultan eût
approuvé la nouvelle constitution valaque, et protesté
contre le passage du Pruth par les troupes russes.

En ce moment même, le 6 juillet, comme pour
mettre le gouvernement russe en flagrant délit de
mensonge et de mauvaise foi, le ministre des affaires
étrangères de Russie, le comte de Nesselrode, publiait à Saint-Pétersbourg une circulaire adressée à
ses agents diplomatiques. Le chef du cabinet russe
se plaignait beaucoup d'abord des suppositions erro-
nées faites par la Prusse, à propos de certaines précautions prises par le gouvernement russe sur ses
frontières, pour empêcher les idées révolutionnaires
de pénétrer au sein de l'empire... « L'empereur est
décidé, disait-il, à ne s'immiscer d'aucune façon dans
les affaires intérieures des pays qui voudront modifier

leur organisation, à laisser les peuples parfaitement libres de se livrer sans entraves aux expérimentations politiques et sociales qu'ils voudront faire ; à n'attaquer aucune puissance qui ne l'aurait pas attaqué ; mais il est résolu aussi à repousser tout attentat à sa propre sécurité intérieure, à veiller à ce que l'équilibre territorial, s'il était rompu ou modifié quelque part, ne le fût point au détriment des intérêts légitimes de la Russie..... Mais, tout en se renfermant dans ce système passif et expectant, Sa Majesté ne pouvait fermer les yeux à toutes les éventualités que portent en germe tant et de si soudaines mutations introduites dans l'ordre de choses qui a jusqu'ici régi l'Europe, non plus qu'avec l'esprit d'hostilité qui, avec la fièvre de changements, s'est manifesté contre nous dans toute l'Allemagne.

» Dans les réunions préparatoires, au parlement national de Francfort, dans les clubs, dans les brochures et dans les journaux, la guerre contre la Russie a été proclamée comme une des nécessités de l'époque.

» Pour la faire, on a prêché ouvertement l'alliance offensive et défensive de l'Allemagne avec la France; on a été jusqu'à menacer d'englober dans la grande nationalité allemande nos provinces de la Baltique ; l'ancienne Pologne devait être rétablie dans ses limites de 1772, pour servir d'éternelle barrière à l'Europe contre ce qu'on appelle l'ennemi commun.

» A toutes ces provocations sont venus se joindre des actes d'hostilité plus directs : l'accueil fait aux

réfugiés polonais, ainsi qu'à des bandes d'émigrés....
la guerre contre le Danemark...., l'insurrection du
grand-duché de Posen..... l'état de la Gallicie.....

» En présence de pareilles chances, et surtout de
pareilles dispositions, la prudence la plus vulgaire
commande de se prémunir.

» Nous avons rapproché notre armée de la frontière.....

» Mais notre système a été purement défensif et
de précaution; dans notre pensée il n'a jamais eu,
il n'a encore, à l'heure qu'il est, aucun autre caractère.

» Au lieu de l'envisager sous ce point de vue, et
de s'avouer intérieurement que si nous avons été
forcés d'armer, la cause principale en est aux provocations répétées qu'elle nous adresse, l'opinion démocratique aime mieux nous supposer des idées
d'agression. Chaque jour, dans la presse allemande,
les rumeurs les plus absurdes, les calomnies les plus
odieuses sont articulées à notre charge.

» ..... Il n'est pas de desseins insidieux qu'on ne
nous prête, pas d'émeute, pas de soulèvement, dans
les pays allemands ou slaves, que nous n'ayons favo-
risés sous main, par nous ou par nos agents . . .

. . . .

» Quand donc l'Allemagne a-t-elle eu à se plaindre
de nous ?.... » Le ministre rappelle ici les guerres
contre Napoléon, où la Russie fut si utile à l'Allemagne; les traités de 1815, etc.

« ..... Durant ce long espace de trente-trois ans,

continua M. de Nesselrode, nous n'avons jamais cessé de recommander et de maintenir en Allemagne la concorde et l'unité; non pas cette unité matérielle telle que la rêve aujourd'hui une démocratie avide de nivellement et d'agrandissement..... mais l'unité morale, l'accord sincère de vues et d'intérêts dans toutes les questions politiques que la Confédération germanique avait à traiter au dehors.

» C'est à maintenir cette union, c'est à resserrer les liens qui unissent les gouvernements allemands les uns aux autres, qu'a visé uniquement notre politique, parce que nous voulons la paix européenne, et qu'à nos yeux la garantie la plus sûre de cette paix a toujours résidé dans l'union intime de tous les gouvernements qui composent la Confédération germanique.

.   .   .   .

» Aujourd'hui, comme toujours, loin de désirer le trouble, loin de chercher à semer la division, nous ne souhaitons à l'Allemagne que l'accord entre les gouvernements et les peuples, accord si essentiel pour la préserver des complications qui peuvent lui venir du dehors, comme des dangers immenses que recèle sa propre situation intérieure..... »

L'éminent diplomate terminait sa longue et curieuse circulaire par une recommandation expresse aux agents russes de faire connaître à tous les intentions pacifiques de l'empereur, et sa formelle volonté de respecter l'indépendance de tous les États, ses armements n'ayant qu'une destination défensive.

Ce manifeste, œuvre profondément réfléchie, où chaque mot est pesé, où chaque pensée a été analysée, disséquée, avant d'être employée, ce manifeste est cependant une grande maladresse diplomatique. Qui se défend avec trop de chaleur, trop habilement contre des accusations vagues, obscures ; qui, dans un plaidoyer, fait un étalage trop solennel de ses vertus, de ses bonnes intentions, de sa probité, celui-là a très ordinairement besoin de se défendre, celui-là est presque toujours coupable. Si le gouvernement russe n'avait eu rien à se reprocher dans la marche de sa politique extérieure, si l'on n'eût reconnu sa main dans certains cas très répréhensibles, qui donc eût été assez osé pour l'accuser publiquement, pour flétrir sa conduite dans la presse ou à la tribune ?

Quelques jours après la publication du précieux document dont nous avons cité une partie, l'occupation de la Moldavie et celle de la Valachie, où une seconde division de troupes russes pénétra bientôt après, vint donner, comme nous l'avons dit, un éclatant démenti aux promesses de non-intervention si hautement déclarées à l'Europe. Le comte de Nesselrode comprit tout le danger de cette trop visible contradiction, et chercha à l'expliquer par des considérants d'une autre nature ; mais toute l'adresse possible échoua nécessairement devant un tel fait.

Le 1er août (20 juillet), le journal officiel de Saint-Pétersbourg disait : « Les événements des principautés du Danube ont nécessité l'entrée temporaire des troupes russes. Le gouvernement russe a annoncé les motifs de cette détermination aux gouvernements étrangers, en désavouant toute idée d'agression ou d'intervention dans les affaires d'autrui ; il y a contradiction apparente entre nos déclarations et les faits, mais elle n'est qu'apparente. Cette déclaration ne s'adapte qu'aux États européens qui traitent avec nous de puissance à puissance, aux États indépendants..... Les Principautés ne sont pas des États reconnus, mais de simples provinces faisant partie d'un empire, tributaires de son souverain, gouvernées temporairement par des princes dont le choix a besoin d'autres sanctions, d'après les traités entre la Porte et nous..... »

Est-il possible d'expliquer avec un plus grossier machiavélisme, un acte qui viole aussi effrontément toutes les lois de la justice, le droit des gens, la souveraineté du sultan, qui ment aussi visiblement à une déclaration solennelle. Mais le czar ne prend plus, depuis longtemps, la peine de dissimuler avec esprit ; il est persuadé qu'on le croit sur parole. Il est tellement habitué à la plus humble soumission chez ses fonctionnaires, à la plus aveugle confiance, à la plus absurde crédulité chez son peuple, qu'il est persuadé que l'Europe en est au même point à son égard. Cette ferme conviction peut expliquer en partie l'imperturbable aplomb de l'autocrate, et la très haute opinion qu'il a de sa personne.

Pendant que les troupes russes, 40,000 hommes environ, pénétraient dans les principautés du Danube, espérant y rester cette fois, les événements se développaient rapidement à l'Occident. Le gouvernement autrichien luttait avec effort contre la Lombardo-Vénétie, que soutenait le Piémont ; il entamait avec plus de peine encore une guerre contre la Hongrie ; enfin il avait à combattre sa propre capitale ; Vienne, toujours si paisible, qui ne songeait depuis des siècles qu'à jouir de la vie, Vienne avait été aussi piquée par le démon des révolutions. Le gouvernement prussien voyait également s'amonceler autour de lui de graves embarras ; en outre de ses propres discordes civiles, il était en guerre avec le Danemark, au sujet des duchés de Schleswig-Holstein, et il avait à surveiller les États de la Confédération, que l'esprit d'insurrection agitait violemment.

L'Italie était plus profondément remuée encore que l'Allemagne. Parme, Modène, la Toscane, Rome, Naples, la Sicile étaient en pleine révolution ; la guerre civile et l'anarchie y étendaient toutes leurs horreurs. Tous, gouvernants et gouvernés, exaltés par une fièvre ardente, semblaient avoir perdu tout sens moral, tout esprit de conduite. Est-ce ainsi, par des luttes sanglantes, par d'atroces représailles, par de cruelles vengeances, que les nations peuvent avancer dans la voie de la civilisation, peuvent améliorer leur sort ? non, évidemment non.

Et cependant l'Europe, dans cette année néfaste, avait sous les yeux plusieurs exemples précieux de ce que peuvent les gouvernements et les peuples quand ils sont d'accord, quand leurs sentiments, leurs pensées et leurs forces sont unies. Au bruit de ce cataclysme politique et social qui bouleversait tout l'Occident, la péninsule du nord, la Suède, conservait un admirable calme ; son souverain, digne gardien des intérêts généraux de la nation, noble et juste dispensateur du bien-être individuel, prononçait alors la clôture de la diète et félicitait les représentants des quatre ordres sur les résultats de leur session. La Hollande, cette nation riche, sage, active, travaillait alors, de concert avec son roi, à donner de nouveaux développements à son immense commerce maritime, à améliorer l'état de ses belles et fertiles colonies. La Belgique enfin, cette fille de la France, alors plus sage que sa mère, s'occupait, quand le canon des guerres civiles arrivait jusqu'à ses oreilles, s'occupait de répandre l'instruction agricole sur ses habitants ; elle leur montrait son fertile sol, cette source inépuisable de richesse et de bien-être ; elle leur disait : travaillez ! Tout est là : indépendance et bonheur !

L'année 1848, au milieu de déplorables excès d'autorité et d'anarchie, vit aussi de belles et généreuses actions, il ne faut pas le méconnaître. Le noble caractère de la France ne disparut pas dans cette grande tempête des passions humaines. Pendant que des souverains, égarés par la colère, réprimaient trop cruellement les élans démocratiques, la flotte française parcourait les côtes de l'Italie et de la Sicile, recueillant sur ses navires, sans distinction de parti, toutes les victimes des discordes civiles. La flotte russe paraissait alors aussi dans les eaux de l'Adriatique, dans la mer Ionienne et dans l'Archipel ; mais c'était pour fermer toute voie de salut aux Milanais et aux Vénitiens ; c'était pour jeter de nouveaux germes de désordre en Grèce et dans les provinces de l'empire ottoman.

II

Le gouvernement russe avait suivi avec un soin extrême tous les mouvements de l'Europe occidentale pendant l'année 1848 ; il avait étudié la valeur des noms et la portée des faits qui étaient nés de cette tourmente ; il se prépara activement, dès le commencement de 1849, à en tirer le meilleur parti possible. Ses armements militaires et maritimes prenaient chaque jour de nouveaux développements ; ses ports de la Baltique et de la mer Noire se remplissaient de navires de haut bord, ses arsenaux et ses magasins s'encombraient de munitions et de matériel de guerre, ses camps et ses casernes recevaient sans cesse de nouvelles recrues. Ses corps d'armées, prêts à entrer en campagne, s'échelonnaient de la Finlande aux bouches du Danube, occupant toujours les Principautés moldo-valaques, malgré les protestations faites par l'Angleterre et la France. Enfin, l'armée diplomatique de la Russie, abondamment pourvue de ses moyens spéciaux d'attaque, or, promesses, intrigues, menaces, avait déjà lancé ses éclaireurs et étudiait les terrains où la politique du czar voulait agir.

L'Autriche était alors dans une déplorable situation : les éléments hétérogènes qui forment cet empire paraissaient près de se désunir ; l'insurrection hongroise grandissait chaque jour (1) ; la Gallicie, agitée, attendait un signal pour se lever et donner la main à la Pologne ; la Moravie et la Bohême , que travaillait le panslavisme russe , étaient loin d'être calmes. La capitale du vieil archiduché, Vienne, affaiblie par le bombardement et par le siége des troupes impériales en octobre 1848 , avait perdu en grande partie son dévouement pour la dynastie des Hapsbourg ; le royaume lombardo-vénitien , soutenu par l'armée piémontaise, luttait depuis un an contre une grande partie des forces militaires de l'empire. Un tel état de choses ne pouvait se prolonger sans exposer la monarchie à périr. Le cabinet autrichien se décida donc, en désespoir de cause, à faire un appel à la Russie ; des négociations eurent lieu à ce sujet entre les deux puissances.

L'intervention devait d'abord se borner à l'occupation de la Transylvanie par un corps de 25,000 hommes et un corps d'observation de 30,000 , concentré à Cracovie. Dès le 1er février , le général russe Luders , commandant le corps d'occupation de la Valachie , fit entrer une division de 10,000 hommes et 20 pièces de canon en Transylvanie. Mais, selon une

(1) *Le Spectateur militaire* ayant donné dans ses numéros des 15 septembre, 15 octobre, 15 novembre et 15 décembre 1849, 15 décembre 1850, 15 janvier, 15 février et 15 mars 1851, une Histoire complète de la guerre de Hongrie, par M. Fréd. Gérard, nous glisserons rapidement sur la partie technique de cette guerre, et n'apprécierons ici que le rôle politique de la Russie.

convention signée plus tard par les deux empereurs ,
la Russie promit d'envoyer 120,000 hommes en Hongrie : 30,000 devaient occuper Vienne, pour laisser
libres toutes les forces de l'Autriche. Une réserve de
50,000 hommes devait en outre se tenir prête à entrer en Transylvanie ; le commandement de cette armée fut donné au prince Paskéwitch , qui avait sous
ses ordres les meilleurs généraux de l'empire : Gortschakoff, Grabbe, Rudiger, Tcheodaüff et Sass.

Cette demande d'intervention venait fort à propos
pour le gouvernement russe ; elle lui servit de prétexte pour opérer de grands mouvements de troupes
et pour concentrer des corps considérables sur les
points choisis. 150,000 hommes devaient se grouper
entre Vilna et Varsovie ; 25,000 hommes et 30 bouches à feu se dirigeaient sur Cracovie ; 100,000 occupaient la Volhynie , la Podolie et la Bessarabie ;
enfin , une puissante réserve de 100,000 hommes
s'organisait à Novogorod. La garde impériale devait
se diriger sur Varsovie , où le czar avait l'intention
de se rendre en mai , pour être plus près du théâtre
des événements. La flotte de Cronstadt se préparait
à prendre la mer, afin d'offrir ses services au Danemark, ou pour tout autre motif que le czar n'avouait
pas.

Les puissances occidentales ne virent pas sans effroi
ces formidables armements. Ce n'était pas seulement
pour couvrir les frontières contre l'esprit démocratique et pour secourir l'Autriche contre la Hongrie,
que la Russie rassemblait ces immenses armées; elle

avait évidemment de plus larges projets. La Prusse s'inquiéta sérieusement aussi de l'attitude et des intentions présumées de l'empire russe. Le cabinet de Berlin savait que, malgré les liens de parenté qui unissaient les deux cours, le czar ne voyait pas d'un bon œil l'appui militaire que la Prusse donnait aux duchés de Schleswig-Holstein, États de la confédération germanique, contre le Danemark, allié de la Russie. Le cabinet de Pétersbourg avait déjà prévenu celui de Berlin que cette intervention en faveur des duchés pourrait bien lui coûter ses provinces orientales jusqu'à la Vistule, qui conviendraient si bien à la Russie ; le czar travaillait en même temps à irriter la Suède contre la Prusse et à faire naître entre ces deux États un cas de guerre de cette question.

Mais là ne se bornaient pas les intrigues de la Russie : elles s'exerçaient alors sur une foule de points à la fois et embrassaient les sujets les plus opposés. Il était certain, pour tous les esprits clairvoyants, que le gouvernement russe se préparait à profiter de l'état de troubles où était plongée l'Europe ; qu'il cherchait à augmenter ces troubles pour avancer ses projets de conquête et de domination sur le vieux continent. A côté de la question du panslavisme, que la diplomatie russe cultivait alors avec un soin infini sur tous les territoires où germe le sang slave, le czar venait de s'emparer d'une nouvelle pomme de discorde, née au sein de l'Allemagne, et de la jeter entre la Prusse et l'Autriche : c'était la couronne de l'empire germanique.

A la suite des mouvements populaires de 1848,
les États allemands se donnèrent, on le sait, des institutions représentatives. Une pensée d'union générale ne tarda pas à naître et à se formuler au sein
des assemblées constituantes ou législatives de ces
États. L'Allemagne rêvait depuis longtemps à son
unité nationale ; le moment semblait venu de faire
disparaître à tout jamais ces divisions multipliées, ces
morcellements politiques et économiques qui avaient
tant nui au développement de la puissance et de la
prospérité de la famille germanique. Il fut donc convenu qu'un parlement allemand, formé de députés de
tous les États, remplacerait l'ancienne diète germanique, dont l'esprit ne convenait plus aux circonstances. Cette pensée trouva une puissante opposition
dans les partisans de l'ancien état de choses ; ce parlement ne se réunit à Francfort qu'avec beaucoup de
difficulté ; mais enfin il naquit, et, le 18 mai 1848,
il se proclamait constitué, devant quatre cents membres présents, par la voix de son président M. de Ga-
gern, et nommait une commission pour rédiger la
constitution générale de l'Allemagne.

Après avoir traversé péniblement l'année 1848 et
le commencement de 1849, au milieu des mille et un
ennemis, visibles ou cachés, dont cette grande inno-
vation contrariait les opinions ou les intérêts, l'assemblée nationale allemande arriva, le 28 mars
1849, à sa cent quatre-vingt-seizième séance. Elle
venait enfin, pour former le faîte de son grand édifice
politique, pour relier solidement les trente-neuf États

de la Confédération et les deux grandes puissances, pour fonder l'unité germanique, de proclamer empereur des Allemands le roi de Prusse Frédéric-Guillaume IV. La députation chargée d'offrir cette belle couronne à l'élu arrivait à Berlin le 2 avril. La chambre des députés de Prusse pressa le roi d'accepter cette grande position, qui devait assurer la prépondérance de sa nation sur l'Allemagne. Mais de puissantes influences avaient déjà agi sur l'esprit de Frédéric-Guillaume. La Russie ne voulait pas qu'un empire allemand se formât ; l'Autriche le voulait pour elle. Le roi de Prusse n'osa braver cette double opposition : il refusa conditionnellement. Il ne pouvait, dit-il, accepter cette élection qu'avec le concours et après la sanction de tous les souverains allemands ; il ne reconnaissait pas à l'assemblée nationale de Francfort le droit d'élire seule un empereur.

Ce refus positif, car le roi de Prusse ne pouvait compter sur l'unanime concours des princes allemands, ni même sur la majorité et encore moins sur le consentement de l'Autriche, ce refus, qu'on attribua à l'influence de la cour de Russie et un peu à la crainte de fâcher l'Autriche, fit un grand tort moral à Frédéric-Guillaume dans l'esprit de la Prusse et de l'Allemagne : c'était proclamer hautement l'incompétence de l'assemblée nationale à fonder l'unité allemande, à rédiger une constitution générale de l'empire. C'était le point de départ d'une réaction contre l'autorité souveraine que s'était attribuée cette assemblée. Il y avait, d'un autre côté, dans cette élection, dans cette préférence accordée au roi de Prusse , un profond motif de jalousie pour l'empereur d'Autriche, lui, descendant direct des derniers empereurs d'Allemagne. La rivalité de longue date des deux puissances allait être ravivée par ce fait, et le czar, grand partisan du principe *divide et impera*, fut fort satisfait de ce double résultat : pas d'unité allemande , rivalité vive de l'Autriche et de la Prusse. Il ne s'agissait plus, pour dominer l'Allemagne à tout jamais, que de gagner aux intérêts russes les principales puissances secondaires de la Confédération , que d'aider les princes à écraser l'esprit démocratique, à déchirer les constitutions libérales arrachées à la peur. Le czar y travailla aussitôt avec ardeur.

Mais cette action sur l'Autriche, la Prusse et l'Allemagne ne suffisait pas à Nicolas ; il fallait de nouveaux aliments à son activité , d'autres querelles à son humeur tracassière. Il n'avait pas tourmenté le gouvernement ottoman depuis bien longtemps, selon lui du moins, car l'occupation des Principautés en 1848 n'était rien que l'usage d'un droit. La Bulgarie et la Bosnie n'étaient pas tranquilles : les sujets grecs du sultan avaient pris les armes, et le sultan n'en a pas prévenu le czar, son fidèle allié. Le général Grabbe est aussitôt envoyé à Constantinople , en mai. L'autocrate se plaint amèrement de la défiance du sultan ; cependant il lui offre son aide contre les rebelles. Il voudrait, dans son zèle pour la Turquie, qu'un nouveau traité liât plus intimement les deux États , en annulant celui du 13 juillet 1841, où les cinq grandes

puissances garantissent l'intégrité de l'empire ottoman.

Le divan, éclairé par les conseils des ambassadeurs de France et de la Grande-Bretagne, repoussa
ce piége, et refusa formellement d'accepter ce nouveau traité, dont les clauses eussent à jamais consa-
cré la vassalité de la Turquie. Le général Grabbe, si
malheureux dans ses guerres du Caucase, si rudement
battu par Schamyll, fut encore plus malheureux en
diplomatie : il ne put non-seulement obtenir ce traité,
mais il tenta en vain de détruire l'influence de la
France et de l'Angleterre à Constantinople. Pendant
ces intrigues, l'ambassadeur russe à Londres, le baron de Brunow, l'auteur du traité du 15 juillet 1840,
affirmait sur l'honneur, à lord Palmerston, que la
Russie avait renoncé à toute convention nouvelle avec
la Turquie.

En ce moment, 20 mai 1849, 8 du calendrier grec,
l'empereur de Russie, qui aime beaucoup à faire connaître au monde ses projets et ses actes, quand ils
sont avouables, publiait un manifeste pour expliquer
son intervention en Hongrie. Ce document est trop
curieux, comme pensée et comme style, pour que nous
n'en citions pas quelques parcelles : « Par notre manifeste du 14 mai de l'année dernière, nous avions
informé nos fidèles sujets des malheurs qui avaient
frappé l'Europe occidentale......... Depuis lors, les
troubles et les mouvements séditieux n'ont pas cessé
dans l'ouest de l'Europe. Des tentatives coupables ont
entraîné la foule crédule par l'illusion trompeuse d'un

bonheur qui n'est jamais sorti de l'anarchie et de la licence ; elles se sont étendues jusqu'en Orient, dans *nos* principautés de la Valachie et de la Moldavie, soumises au gouvernement turc. L'entrée de nos troupes et des troupes ottomanes dans ces provinces a suffi pour y rétablir la tranquillité et pour la maintenir.

» Mais, dans la Hongrie et dans la Transylvanie, les efforts du gouvernement autrichien, divisés par la guerre sur un autre point avec des ennemis nationaux et étrangers, n'ont pu vaincre jusqu'à ce jour la révolte. L'insurrection, soutenue par l'influence de nos traîtres de la Pologne et des renforts de transfuges et de vagabonds des autres pays, a donné à la révolte une extension de plus en plus menaçante. Au milieu de ces événements funestes, S. M. l'empereur d'Autriche nous a invité à l'assister contre l'ennemi commun : nous ne lui refuserons pas ce service. Après avoir invoqué le Dieu des batailles et le maître des bataillons, pour qu'il protége la juste cause, nous avons ordonné à notre armée...... Que Dieu soit avec nous, et personne ne pourra nous résister...... Chaque Russe partage cet espoir, et la Russie remplira sa sainte vocation. »

Les fidèles sujets russes se sentaient cependant alors une autre vocation, que le czar ne regardait pas sans doute comme sainte : ils conspiraient contre leur empereur adoré, et ce n'était pas la première fois depuis 1825. Pendant que les armées russes entraient en Hongrie, ou se cantonnaient sur les frontières occidentales, la police de Nicolas découvrait à Moscou un vaste complot contre la dynastie de Holstein-Gottorp, dont les ramifications s'étendaient sur une grande partie de l'empire, et surtout vers Saint-Pétersbourg. Ce complot, sur le point d'éclater, donna lieu à un très grand nombre d'arrestations, faites sans bruit. Il fut expressément défendu aux journaux de parler de cette conspiration : le czar ne veut pas que le monde sache qu'il a des ennemis parmi ses chers sujets. Le secret ne fut pas assez bien gardé, toutefois, pour qu'il n'en transpirât quelque chose.

La guerre de Hongrie était alors dans toute sa force. On était au commencement d'avril ; les Hongrois avaient repris partout l'offensive, et, dans une suite de combats sanglants, ils venaient de battre l'armée autrichienne, commandée par le feld-maréchal Windisch-Graetz ; ils en poursuivaient les débris avec audace et succès, quand Windisch-Graetz, jugé incapable, fut remplacé, le 13 avril, par le feld-maréchal Welden. Le nouveau général ne fut pas plus heureux. L'armée hongroise tint facilement en échec l'armée impériale, la battit en détail le 16, le 19, le 20 et le 21, força le quartier-général à se replier sur Gran, et débloqua Comorn d'un côté. Les 23 et 24, les Autrichiens furent contraints d'évacuer Pesth, qu'occupèrent aussitôt les Hongrois, de se retirer sur la rive droite du Danube, et de là sur Raab. Enfin, le 27, après un combat acharné, Georgey força les corps autrichiens de Simounich à lever le siége de Comorn, à passer le Danube et à rejoindre le reste de l'armée impériale , qui se retirait sur Presbourg , à 66 kilomètres de Vienne.

L'armée autrichienne, complétement démoralisée, s'étendait de Raab, où s'appuyait son aile droite, par Presbourg , où était son centre , jusqu'à Szered , où posait sa gauche. Les Hongrois ayant fait un mouvement sur leur gauche, se trouvaient alors près de Bos , à 40 kilomètres de Presbourg. Une pointe hardie sur cette ville et sur Vienne eût sans doute changé la question de face et provoqué un dénoûment tout autre que celui qui eut lieu ; mais Georgey, qui commandait alors en chef l'armée hongroise, restait immobile derrière le Waag. Il se préparait, disait-il, à marcher sur l'armée russe , qui s'avançait par les Karpathes. Le moment favorable pour transporter la guerre en Moravie et autour de Vienne, puis de là , à l'aide d'une insurrection polonaise, en Gallicie et à Varsovie , ce moment échappa à la révolution hongroise, et elle fut fatalement destinée à périr.

L'arrivée de l'armée russe ranima l'Autriche. Le 10 mai , le jeune empereur alla passer en revue les premiers corps russes qui s'avançaient par Gœding. L'armée autrichienne reprit alors l'offensive , et de nombreux combats eurent lieu entre elle et les Hongrois, jusqu'à la fin de mai, avec des succès variés. Mais déjà , dans les rangs de l'armée magyare , de fâcheux signes se montraient ; la désunion commençait à naître entre les chefs ; l'insubordination se glissait dans les rangs , la désertion les éclaircissait chaque jour ; on pressentait dès lors qu'une cause occulte agissait puissamment sur tous et versait dans les esprits la défiance et le découragement.

Dans les premiers jours de juin les troupes russes, près de 200,000 hommes, envahissaient la Hongrie sur plusieurs points ; le 16, le czar Nicolas, qui voulait voir cette guerre et chercher à gagner les cœurs hongrois par sa présence et sa bonté, arrivait à Dukla, en Gallicie, l'un des passages des Karpathes ; le 17, l'armée russe franchissait les frontières hongroises en quatre colonnes, et peu de jours après tous les corps étaient entrés dans les comitats du nord et marchaient rapidement vers le Danube. Ce fut alors, le 19, que le feld-zeugmeister baron Haynau, qui venait de prendre le commandement de l'armée autrichienne, donna l'ordre de reprendre vivement l'offensive ; il voulait avoir la gloire d'écraser les Hongrois avant l'arrivée des Russes. Il n'avait encore avec lui, comme corps auxiliaire, que la division russe du général Paniutin. Mais ni la bataille de Pered, du 21 juin, où le sang hongrois coula abondamment, ni les combats du 27, du 28 et du 30, à Raab et dans les environs, soutenus par les Hongrois contre des forces très supérieures, ni la bataille du 2 juillet, devant Comorn, à laquelle assistait l'empereur d'Autriche, ne purent abattre le courage des Hongrois ; il fallut d'autres combats, la bataille d'Acs, du 12 juillet, il fallut le puissant concours de l'armée russe, il fallut enfin la trahison de Georgey à Vilagos, le 13 août, pour réduire cette vaillante armée magyare.

Cette guerre de Hongrie, malgré les 350,000 Aus-
tro-Russes commandés par les meilleurs généraux des
deux empires, qui combattaient 160,000 Hongrois,
malgré la trahison, cette guerre dura jusqu'à la fin
de septembre ; Comorn, la dernière citadelle de l'indépendance hongroise, ne capitula que le 27, et ne
fut remise aux Autrichiens que le 2 octobre ; elle eût
pu se défendre longtemps encore ; elle eût pu devenir
le point d'appui d'une nouvelle guerre nationale si le
gouverneur, le général Klapka, eût jugé opportun de
prolonger la résistance, comme le voulait la plus
grande partie de sa garnison de 40,000 hommes.

L'armée russe avait fait un grand nombre de prisonniers pendant cette campagne. Dans un intérêt
d'avenir, le prince Paskéwitch avait ordonné qu'ils
fussent très bien traités. Les Russes voulaient laisser
de bons souvenirs en Hongrie. Dieu nous rappellera
peut-être un jour dans cette contrée, disaient-ils.
Tous les Magyares pris les armes à la main n'eurent
donc qu'à se louer de la conduite des généraux et
officiers russes. Il fut loin d'en être ainsi de la part
des généraux autrichiens. Le général Haynau, surtout, montra une grande cruauté envers les vaincus.
Les prisonniers de guerre que lui remit le prince
Paskéwitch, parmi lesquels étaient des hommes fort
distingués, des noms illustrés par des services rendus
aux empereurs d'Autriche, furent, triste résultat des
réactions politiques, pendus ou fusillés sans pitié,
après des jugements sommaires de quelques minutes.
Les simples officiers, les soldats étaient exécutés par

bandes. Quelques-uns cependant, parmi les principaux chefs de cette révolution, Kossuth, Bem, Dembinski, et un grand nombre de représentants, avec les débris des légions polonaise et italienne, furent assez heureux pour atteindre le territoire ottoman.

Si le gouvernement russe, dans le but de se faire des partisans en Hongrie, avait recommandé à ses généraux d'accueillir avec bonté les prisonniers hongrois, il ne put laisser échapper une nouvelle occasion de peser sur le gouvernement turc. Les proscrits hongrois avaient à peine obtenu un asile de l'hospitalité musulmane, que l'empereur d'Autriche, poussé par le czar, réclama impérieusement l'extradition des réfugiés, réclamation qu'appuya très chaleureusement le cabinet russe. Le sultan refusa, avec une énergie digne des plus grands éloges, de livrer ces malheureux ; car, il le savait, c'était les envoyer à l'échafaud.

Le refus de la Turquie de livrer les chefs de la révolution hongroise, avait blessé l'orgueil de Nicolas : il jura de se venger. Il mit aussitôt ses agents en campagne pour préparer les voies. La Perse devant lui être nécessaire dans cette vengeance, il travailla aussi de ce côté. Le moment était propice ; Nerreddin venait de succéder à Mohammed-Shah sur le trône de Perse. Son premier ministre avait voulu introduire quelques améliorations, empruntées à l'Europe, dans l'administration et dans l'armée. L'ambassadeur russe, qui ne voulait pas que la Perse sortît de son état de faiblesse, excita une insurrection militaire, fit renvoyer le ministre ami du progrès, et s'empara complétement de l'esprit du nouveau shah.

Pendant ce temps les intrigues marchaient en Turquie, on y semait de nouvelles causes de désordre et de nouveaux motifs d'intervention ; l'assemblée nationale de Valachie déposait l'hospodar Georges Bibesco, le 27 juin, et le remplaçait par son frère Styr-Bey, avec l'approbation du sultan, mais sans demander celle de l'empereur de Russie : précieux grief pour rentrer en scène avec l'empire ottoman.

III.

La France et l'Angleterre avaient hautement protesté contre l'intervention armée de la Russie en Hongrie, intervention contraire aux déclarations du cabinet de Saint-Pétersbourg et aux derniers traités ; mais le czar voulait se mêler de plus en plus aux affaires de l'Europe ; il voulait imposer sa protection aux États voisins, puis étendre ainsi, de proche en proche, son omnipotence sur tout l'Occident. Il n'eut donc aucun égard aux réclamations des deux grandes puissances. Il eût bien voulu, après la victoire, continuer à occuper la Hongrie, n'importe à quel titre ; mais les quatre grandes puissances veillaient. L'Autriche ne voulait pas que la protection russe allât plus loin ; la Prusse, déjà effrayée pour ses provinces orientales, comprimées entre la Pologne et la Baltique russe, comprenait que tout agrandissement de l'empire à l'occident amènerait la perte de ces provinces. Enfin, pour d'autres raisons d'un intérêt plus général, la France et l'Angleterre étaient résolues à s'opposer, d'une manière absolue, à toute extension du territoire russe. Il fut donc décidé que des conférences diplomatiques auraient lieu, à ce sujet, à Varsovie vers la fin d'août, entre les représentants des cinq grandes puissances.

Le czar y assista avec le grand-duc héritier, escorté de la fleur de sa diplomatie, Nesselrode, Orloff, etc. Le prince Woronzoff, gouverneur général de la Caucasie, y avait été appelé. La Prusse était représentée par MM. de Rochou et de Neumann ; l'Autriche, par lecomte de Buol ; la France, par le général de Lamoricière; l'Angleterre et la Turquie par leurs ambassadeurs ordinaires. Plusieurs questions diplomatiques y furent traitées. Celle de l'évacuation de la Hongrie par les troupes russes, fut une des principales. Le czar, par la main de son ministre des affaires étrangères, ne manqua pas, dans une circulaire adressée le 31 août à tous les agents russes, d'annoncer solennellement cette évacuation, après avoir longuement énuméré les victoires des Russes et leur admirable conduite envers les Hongrois. L'empereur Nicolas écrivit aussi une lettre de félicitations au prince Paskéwitch sur ce succès, et accorda le même honneur au général Haynau, en lui envoyant la grand-croix de Saint-André en brillants.

La question qui occupa ensuite la conférence de Varsovie fut celle de l'extradition des réfugiés hongrois. Les plénipotentiaires russes et autrichiens employèrent jusqu'à la menace pour obtenir le consentement du sultan ; ils voulaient surtout qu'on leur livrât Kossuth et Bem. Les ambassadeurs de l'Angleterre et de la France soutinrent avec beaucoup de force les résolutions généreuses du sultan, et remirent une note énergique aux représentants de la Russie et de l'Autriche , annonçant que leurs gouvernements étaient décidés à soutenir la Turquie, même par les armes, si l'on allait plus loin. La Russie et l'Autriche rompirent alors toutes relations diplomatiques avec le sultan. Mais ce différend, qui semblait devoir conduire à une rupture, parut terminé, en octobre, par la médiation de la Prusse. Il fut décidé que les réfugiés quitteraient la Turquie ou se feraient musulmans.

Cependant la Russie, qui avait cru trouver dans la question des réfugiés une nouvelle occasion de guerre contre la Turquie, ne put facilement renoncer à cette idée. Pendant les négociations de Varsovie les ordres avaient été donnés d'augmenter les corps d'occupation des principautés, et de se préparer à franchir le Danube. En même temps, des agents cherchaient à agiter les populations chrétiennes de la Bulgarie, de la Servie et de la Bosnie. Ces préparatifs de guerre et d'insurrection se firent enfin si ostensiblement, qu'au commencement d'octobre les ambassadeurs de France et d'Angleterre à Constantinople , le général Aupick et sir Stradfort Canning, crurent devoir protester contre ces faits, ainsi que contre l'insistance de la Russie à exiger l'extradition des réfugiés hongrois. Cette double protestation, qu'accompagna une lettre du sultan au czar, engagea enfin la Russie à renoncer à ses prétentions au sujet des réfugiés. Le 18 octobre, le comte de Nesselrode notifia à l'envoyé ottoman que l'empereur, prenant en considération la lettre du sultan, se bornait à demander que les réfugiés hongrois fussent chassés de la Turquie. Mais il exigeait, en outre, pour prix de la concession qu'il veut bien faire par amour pour la paix (textuel), que *tous* les Polonais résidant sur le territoire turc, soient expulsés, et que dorénavant aucun Polonais n'y soit reçu. Cette brutale exigence ne put être acceptée du sultan, et donna lieu à de nouvelles négociations. Les relations diplomatiques restèrent néanmoins interrompues, et les armements de la Russie ne discontinuèrent pas. A la fin de novembre, les deux corps russes de Hongrie avaient enfin évacué, mais pour se rapprocher des Principautés ; 100,000 hommes occupaient la rive gauche du Danube ; la flotte de Sévastopol était prête à prendre la mer, et 150,000 hommes occupaient les contrées caucasiennes.

En face de cette attitude menaçante de la Russie, quand, en quarante-huit heures, la flotte de Sévastopol pouvait jeter 30,000 hommes dans le Bosphore, la France et l'Angleterre, déjà unies dans l'intention de défendre le sultan, durent rapprocher leurs flottes des Dardanelles. La flotte française vint mouiller à Ourlac, près de Smyrne, et la flotte anglaise à l'entrée du détroit, dans la baie de Besika. La Turquie, de son côté, concentra des troupes le long du Danube, et se hâta d'armer ses forteresses.

La Russie ne cessait pas, pendant ce temps, de surveiller l'Occident, et de se tenir prête à tout événement. 200,000 hommes occupaient la Pologne ; elle avait engagé l'Autriche, enfin victorieuse de l'insurrection, à concentrer une forte armée sur le Tessin, sous prétexte que la Suisse était le refuge de tous les révolutionnaires de l'Europe. La Prusse, qui avait aussi augmenté considérablement ses forces, occupait toute la surface de l'Allemagne, depuis le Schleswig jusqu'à Bâle, pour étouffer, disait-elle, toute idée d'insurrection nouvelle en Allemagne. Ces dispositions militaires n'avaient-elles pas plutôt pour but de se couvrir contre la France, et de préparer une coalition contre elle ?

Le reste de l'année 1849 se passa en actives négociations au sujet de la dernière demande du gouvernement russe au divan. Les réfugiés hongrois quittèrent la Turquie, mais le sultan ne voulut pas obéir aux injonctions du czar en ce qui concernait l'expulsion des Polonais. Cette nouvelle question inquiéta beaucoup la diplomatie ; elle en chercha vainement la solution pacifique, car le cabinet de Pétersbourg exigeait la pleine et entière exécution de sa volonté. Il voulait une rupture avec la Turquie ; on le voyait clairement à travers tous les voiles de sa cauteleuse politique.

En novembre, l'ambassadeur russe, M. de Titoff, qui travaillait alors fort activement à détruire l'influence anglo-française près du divan et à désunir ces deux puissances, M. de Titoff refusa de continuer les négociations si, préalablement la flotte anglaise, qui avait pénétré dans les Dardanelles au delà des premiers châteaux, si la flotte française, mouillée à Ourlac, ne s'éloignaient davantage ; si, enfin, les deux cabinets de Londres et de Paris ne cessaient d'intervenir dans le différend relatif aux réfugiés. Pour ôter tout prétexte de plainte à l'ambassadeur russe, la flotte anglaise revint à Besika et bientôt après à Salamine ; la flotte française vint au Pirée, et les plénipotentiaires anglais et français s'abstinrent de se mêler officiellement de la question des réfugiés.

Ce commencement de satisfaction ne fit pas avancer la discussion. De nouvelles difficultés s'élevèrent bientôt entre M. de Titoff et le divan. Le premier ne put ou ne voulut pas expliquer si le czar exigeait l'expulsion de *tous* les Polonais réfugiés en Turquie depuis la révolution de 1831, ou seulement celle de tous les Polonais qui avaient pris part à la guerre de Hongrie. Le divan déclarant qu'il ne pouvait sans cruauté renvoyer les Polonais après vingt ans de séjour, M. de Titoff annonça qu'il allait demander à ce sujet de nouvelles instructions à la cour de Saint-Pétersbourg. Ayant ainsi gagné du temps, l'ambassadeur interrompit complétement les relations diplomatiques avec le divan, et se donna tout entier aux sourdes menées qui devaient, dans un temps donné, ouvrir l'empire ottoman aux armes russes. Le czar voulait aller ainsi, en traînant les négociations, jusqu'au printemps de 1850. Il espérait qu'alors tous ses préparatifs de guerre seraient terminés; toutes ses intri-

gues politiques menées à bien, et qu'il pourrait
mettre enfin à exécution ses plans d'envahissement.

Il fut sérieusement question alors, dans le monde
secret de la haute diplomatie, d'un remaniement politique de l'Europe, pour essayer de mettre fin à ces
troubles incessants, à ces luttes périodiques qui
ébranlaient les trônes, pour détruire ces germes de
dissolution qui se montraient de toutes parts. De
nombreux plans furent, dit-on, présentés à l'aréopage
couronné. On parla de partager l'Allemagne entre
l'Autriche et la Prusse, la première aurait eu le midi,
la seconde le nord. Toute source de jalousie, quant à
la question de prééminence entre les deux puissances,
eût été ainsi tarie, et l'anarchie démocratique, qui
ronge les petits États de la Confédération et de
l'Italie, eût été facilement étouffée sous un pouvoir
fort. Dans cette reconstruction, le czar ne s'oubliait
pas, bien entendu : il prenait l'empire ottoman.

A cette question de reconstruction politique, passée
presque inaperçue au milieu de l'agitation de cette
époque, l'autocrate de toutes les Russies avait mêlé
fort habilement, comme il le fait aujourd'hui, la question religieuse. Ses agents travaillaient alors à nouer
une alliance, d'abord politique, entre la cour de Rome
et celle de Saint-Pétersbourg ; puis, comme ballon
d'essai, un diplomate russe publia un mémoire, où,
posant la religion grecque comme le christianisme
primitif, comme le catholicisme par excellence, il
prétendait que l'Église romaine est un schisme ; que
tous les maux de la religion chrétienne viennent de

sa séparation avec l'Église d'Orient orthodoxe ; que toutes les révolutions démocratiques qui ont ensanglanté le monde, celles de 1789, de 1830 et de 1848 surtout, sont aussi sorties de cette séparation. Enfin, le diplomate russe concluait, pour mettre fin à ces révolutions qui troublent si souvent la tranquillité des nations, qui détruisent leur bonheur ici-bas, que l'Église catholique d'Occident devait se réunir à l'Église orthodoxe d'Orient, dont le chef spirituel et temporel représentait la seule force capable de détruire l'ennemi commun. Telles étaient les intentions politiques et religieuses de l'empereur Nicolas à la fin de 1849 ; telle est encore, aujourd'hui, sa ferme volonté.

Paris, 1ᵉʳ novembre 1854.

I

Les pensées ambitieuses de l'Empereur Nicolas,
loin de se calmer aux approches de la vieillesse, sem -
blaient grandir et s'étendre ; il était de plus en plus
dominé par un ardent désir d'accomplir, par lui-
même, les vastes desseins de Pierre Iᵉʳ. Il voulait
planter de ses mains l'étendard russe sur les murs de
Constantinople et rendre Sainte-Sophie au culte grec.
Maître de la mer Baltique, suzerain presque de la
Prusse, de l'Allemagne, de l'Autriche, protecteur-
roi des principautés Danubiennes, de la Turquie
elle-même ; sans rival dans la mer Noire, il songeait
alors au commencement de 1850 à pénétrer dans la
Méditerranée, à s'y créer un point d'appui et à marcher plus rapidement que jamais à la conquête du
vieux monde.

Par les moyens dont la politique russe fait un si
fructueux emploi depuis cent cinquante ans, le czar

avait enfin décidé le roi de la Grèce à lui céder l'île de Sapienza, en face de Modon, sur la côte sud de Morée. C'était une excellente position militaire et navale; de là sa marine eût dominé la mer Ionienne, l'entrée de l'Adriatique, l'Italie et la Grèce; elle se posait en face de Malte.

Le cabinet anglais eut connaissance de ce traité, malgré le secret dont les parties contractantes avaient entouré leurs négociations. L'Angleterre ne pouvait laisser accomplir la prise de possession de Sapienza par la Russie sans danger pour l'avenir. Le cabinet français fut prévenu, et les deux puissances, complétement d'accord, se décidèrent, en janvier 1850, à rappeler leurs flottes, alors dans la baie de Bésika et à Smyrne, et à leur faire prendre position dans la baie de Salamine, sous le prétexte apparent, de la part de l'Angleterre, de réclamer des indemnités pour des navires saisis sur des Anglais, mais en réalité pour défendre au roi Othon de céder l'île de Sapienza à la Russie. La flotte française vint mouiller devant le Pirée le 20 janvier, avec l'ordre d'appuyer la politique anglaise.

Othon, que la protection russe rendait arrogant, ne voulut d'abord écouter ni les représentations de l'ambassadeur anglais, ni les conseils du ministre français. Le 26 février, l'amiral britannique déclara le blocus des côtes de la Grèce et captura un grand nombre de navires. Ces actes d'hostilité envers un gouvernement protégé par la Russie excitèrent un violent courroux à Saint-Pétersbourg; l'ordre fut immédiatement expédié à M. de Brunow, toujours ambassadeur du czar à Londres, de témoigner hautement son mécontentement au cabinet anglais. Cet événement servit de motif à la Russie pour ne pas évacuer les Principautés, ainsi que le demandaient avec instance la France, l'Angleterre et la Turquie.

Les difficultés politiques, nées en Allemagne du conflit des principes et du choc des intérêts, étaient loin d'être aplanies. Après le refus de la couronne impériale par le roi de Prusse, l'Assemblée nationale de Francfort avait été fort embarrassée de sa constitution générale sans trône au sommet. Elle comprit dès lors que le pouvoir de constituer l'unité allemande lui échappait, que les monarchies avaient élevé devant elle une barrière infranchissable et qu'elle touchait à sa fin. Effectivement, minée plus ou moins ouvertement par les souverains de la Confédération germanique, par toutes les aristocraties de l'Europe centrale, l'Assemblée nationale de Francfort ne tarda pas à succomber. Cependant, pour ne pas froisser trop vivement l'opinion publique, qui avait accueilli avec une vive sympathie l'idée d'une grande nationalité allemande, il avait été convenu, dans les hauts conseils des souverains, qu'on ne démolirait le pouvoir démocratique qu'avec prudence, insensiblement, jusqu'au jour où l'on pourrait en finir sans danger avec lui. L'Assemblée constituante de Francfort fut donc dissoute le 20 décembre 1849. On avait annoncé préalablement à l'Allemagne qu'un nouveau pouvoir central, plus en harmonie avec les nécessités du moment, allait être organisé sous les auspices de la Prusse et de l'Autriche.

Mais, quand il s'agit d'une question de politique générale en Allemagne, la vieille rivalité de l'Autriche et de la Prusse se réveille toujours, âcre et vive ; c'est à qui, de Vienne ou de Berlin, l'emportera et dirigera la question vers la solution la plus favorable à ses intérêts particuliers. Les deux gouvernements voulurent donc, chacun de leur côté, organiser ce nouveau pouvoir central, à la très grande joie de l'Empereur de Russie, heureux de voir ses bonnes amies prêtes à s'entre-déchirer. La Prusse invita tous les États allemands à nommer des députés pour former une Diète fédérale, fixant la réunion au 31 janvier 1850, à Erfurt, place forte des États prussiens. L'Autriche protesta aussitôt contre cet acte, qui révélait si bien, selon elle, les tendances de la Prusse à la suprématie allemande, et convoqua un parlement à Francfort pour lutter contre la Diète d'Erfurt.

Le czar, toujours empressé de se mêler aux querelles des autres États, offrit bientôt son amicale médiation pour arranger le différend qui venait de s'élever entre les deux grandes puissances, et des négociations s'ouvrirent à ce sujet. Comme toujours, quand la diplomatie russe intervient, les notes et les explications échangées entre Vienne et Berlin restèrent sans résultat ; la Prusse convoqua sa Diète allemande à Erfurt, le 20 mars, la constitua et lui donna pour mission de reviser la constitution générale rédigée

en 1849 par l'Assemblée nationale de Francfort. Nicolas, pour flatter le roi de Prusse, parut prendre
son parlement au sérieux et lui fit adresser de très
longues notes sur toutes les questions politiques soulevées en Europe depuis trois ans. Le czar caressait
en même temps l'Empereur d'Autriche, blâmait tout
bas avec lui la conduite de son rival de Prusse et le
poussait à combattre l'influence de la diète d'Erfurt
par une autre assemblée.

Ainsi excité, l'empereur d'Autriche provoqua, à la
fin d'avril, une réunion de plénipotentiaires pour former le congrès dit des souverains allemands, ou assemblée plénière de la Confédération germanique. Ce
congrès devait se réunir à Francfort et reviser le
pacte d'Alliance de 1815. Le roi de Prusse, effrayé
de cette convocation, qui menaçait son omnipotence,
obéit aux secrètes insinuations de son beau-frère de
Pétersbourg et convoqua sans délai à Berlin un congrès des princes de l'Union, qui devait s'opposer à ce
que le congrès de l'Autriche se présentât à l'Allemagne comme Assemblée fédérale. Le cabinet prussien manœuvra si activement que les princes invités
arrivaient à Berlin le 8 mai ; seize avaient répondu à
la circulaire adressée par lui à l'Allemagne. La première conférence des plénipotentiaires des souverains
convoqués par l'Autriche eut lieu le 10 mai. Douze
cours avaient adhéré à l'appel de l'empereur d'Autriche.

Ainsi, la lutte entre les deux prétendants à la
suprématie en Allemagne était très bien engagée,

grâce aux sourdes menées de l'empereur Nicolas ; un rien, un mot pouvait changer ce conflit politique en une guerre sérieuse, mais le czar ne voulait pas en ce moment pousser les choses jusqu'à cette extrémité ; il se contenta de placer ses deux chers frères face à face, pleins de défiance et de jalousie, cherchant réciproquement à se nuire dans l'opinion de l'Allemagne, voulant tous deux la dominer. Pendant ce temps Nicolas faisait filer en silence de nombreuses troupes dans ses provinces de la Baltique et en Pologne ; il fortifiait avec un soin extrême la place la plus avancée de sa frontière occidentale, Kalisch, qui, comme un coin de fer, pénètre entre la Prusse et l'Autriche, menaçant le cœur de l'Allemagne.

Les instances réitérées et de plus en plus fermes des cabinets de Londres et de Paris, pour l'évacuation des principautés moldo-valaques, avaient été enfin écoutées à Saint-Pétersbourg : des ordres avaient été donnés à M. de Titoff, ambassadeur russe à Constantinople, et l'évacuation, moins le contingent autorisé par la convention de Balta-Liman à occuper les deux provinces, commença en mai 1850. Mais ici encore le cabinet russe ne put se décider à exécuter avec loyauté ce qu'il avait promis. Au lieu de ne laisser que 10,000 hommes, selon les traités, dans chacune des principautés, il en fit rester 19,000. A la réclamation qu'adressa le divan, M. de Titoff répondit avec une naïveté parfaite : « Nous n'avons laissé qu'une division, selon la convention ; il est vrai qu'un ukase a porté depuis l'effectif des divisions de

10 à 19,000 hommes ; mais ce n'est toujours qu'une
division. » Cette supercherie de mauvais aloi fut en-
terrée sous une masse de décorations et de riches
présents que le czar envoya à Constantinople et, malgré la résistance de Reschid-Pacha, le divan accepta
le nouveau chiffre.

Ce fut vers cette époque, mai 1850, que la Russie,
dans le but d'inquiéter le sultan et de le forcer à
quelques nouvelles concessions, adressa au divan une
note pressante sur la nécessité de régler enfin définitivement la ligne frontière des deux empires en Asie.
L'Autriche et la Perse, évidemment excitées par le
czar, adressèrent de semblables réclamations à la
Porte. La Russie, voulait que le port de Batoum,
dans le Gouriel, fît partie de son territoire ; possession
qui lui eût donné dans un temps prochain le reste de
l'Arménie turque, si largement entamée déjà par
elle.

Ce fut aussi en mai 1850 que la question dite des
Lieux-Saints, ravivée par une juste réclamation du
gouvernement français à la Porte, excita la fiévreuse
susceptibilité du czar et, par une suite d'incidents que
la prudence humaine n'a pu prévoir, n'a pu conjurer,
nous a conduits à la guerre actuelle. Mais l'affaire
des Lieux-Saints n'est qu'une cause déterminante,
qu'un des côtés de la grande question d'Orient. Le
conflit qui a mis en armes l'Europe et l'Asie ne
pouvait manquer d'éclater pour un motif ou pour
un autre ; il fallait fatalement ou providentiellement,
que l'Occident réagît contre l'Orient, qu'il se mêlât

à lui, qu'il le pénétrât de ses effluves civilisateurs ; il
fallait qu'il l'initiât à sa morale, à ses sciences, à son
industrie ; qu'il préparât ainsi la grande communion
humaine du vieux continent, qu'il mît fin à ce sécu-
laire antagonisme des croyances, à cette longüe haine
des races; qu'il fondât enfin l'unité pacifique de l'ancien monde.

Cette œuvre aurait pu s'accomplir et s'accomplis-
sait, en effet, par le rayonnement incessant de la civilisation : l'Orient s'imprégnait peu à peu des idées
et des mœurs de l'Occident ; il s'éclairait, il faisait
son éducation sociale par nos livres, par nos voyageurs, par le commerce ; un demi-siècle de paix encore, et l'Europe eût été intimement unie à l'Asie par
les sentiments, les idées et les intérêts. Un homme
ne l'a pas voulu ; un homme s'est jeté audacieusement en travers de cette fusion pacifique qui s'opé-
rait entre l'Orient et l'Occident : demi-barbare encore,
il a voulu arrêter la marche de la civilisation européenne et l'empêcher de pénétrer en Asie ; il a voulu
refaire aussi l'Occident à l'image de son empire, et il
s'est servi des deux moyens à l'usage des barbares,
la ruse et la guerre.

Nous ne ferons pas ici l'historique de l'affaire des
Lieux-Saints, de cette étincelle qui embrasa le monde ;
la presse périodique s'est assez étendue sur ce thème
pour nous en dispenser. Nous nous contenterons de
dire que les réclamations du cabinet français auprès
du divan étaient parfaitement motivées. Les empiétements successifs des chrétiens de la communion

grecque sur les chrétiens de la communion latine ,
soit dans la garde du saint Sépulcre , soit dans les
cérémonies religieuses qui y sont célébrées, avaient
été trop marqués pour ne pas exciter de nombreuses
plaintes. Les anciens traités, dits capitulations de
1740 , qui donnaient de si larges prérogatives à la
France dans la protection des églises et des monas-
tères latins de Bethléem et de Jérusalem, avaient été
complétement méconnus, insolemment bravés dans
une longue suite de luttes et de rivalités soulevées
par les chrétiens grecs. Louis-Napoléon, alors Président de la République française , crut avec raison
qu'il était de l'honneur de la France de faire cesser
un tel état de choses, et il adressa une note au divan.

Les réclamations de la France parurent si justes
aux autres puissances de la communion romaine ,
qu'elles joignirent leurs efforts aux siens pour mettre
fin à toutes les persécutions qui frappaient leurs co-
religionnaires et obtenir justice de la Porte Ottomane.
Cette demande de protection pour quelques individus
parut exorbitante au czar , irrita son orgueilleuse
susceptibilité, lui parut une atteinte profonde à ses
prétentions à l'omnipotence religieuse en Orient, et
servit de motif à la rupture qui eut lieu deux ans plus
tard entre la Russie et la Turquie. Les plus grands
événements naissent bien souvent de très petites
causes.

II

Au commencement de 1851, par sa diplomatie et par ses armes, la Russie était enfin parvenue à comprimer, à faire disparaître toutes les idées démocratiques qui avaient ébranlé l'Allemagne et l'Italie, soulevé la Hongrie, agité la Pologne et menacé le czar jusqu'au sein de son empire. Par ses efforts et ses conseils les souverains de l'Europe centrale étaient redevenus maîtres, comme aux plus beaux jours de la Sainte-Alliance ; la lave révolutionnaire, qui avait coulé jusqu'au pied de leurs trônes, s'était refroidie, presque figée ; mais, aux yeux de l'autocrate de toutes les Russies, un grand fait restait à accomplir pour assurer le calme et la paix de l'Europe : il fallait museler la France, il fallait l'enchaîner, l'empêcher de parler et de marcher, puisqu'on ne pouvait l'empêcher de penser.

Mais la France était unie à l'Angleterre. Ces deux vieilles rivales de gloire et de puissance, ces deux grandes nations qui, chacune en leur sens, marchent à la tête de la civilisation, ces deux riches sources du progrès humain, d'où naissent et se répandent si abondamment sur le monde les pensées généreuses, les idées utiles, la France et l'Angleterre étaient amies ; du contact fréquent d'une longue paix étaient nées une estime réciproque, une affection réelle, basées sur la haute valeur des deux nations. Or , que pouvait la Russie devant cette alliance morale et intellectuelle, plus solide mille fois que les alliances

politiques ? Rien. Il fallait avant tout chercher à
rompre cet accord. M. de Brunow, ambassadeur de
Russie à Londres, qui avait si habilement écarté la
France du concert européen en 1840, aurait bien
voulu faire un nouveau traité de juillet, à propos de
n'importe quoi, mais ce n'était pas chose facile ; le
ministère anglais, composé de whigs, tenait fort peu
à plaire au czar ; il tenait beaucoup, au contraire, à
marcher d'accord avec la France. Il fallait donc,
avant de songer à une nouvelle coalition européenne
contre la France, renverser le ministère britannique
et ramener les tories à la direction des affaires. C'est
vers ce but que se dirigèrent alors les plus grands
efforts de la diplomatie russe.

Cette grande intrigue contre la France n'empêchait
pas, bien entendu, le cabinet de Saint-Pétersbourg,
de diriger attentivement la marche de ses nombreux
projets ; de semer çà et là au milieu des gouvernements et des peuples, pour arriver plus vite à son but,
la discorde, la calomnie, les perfides conseils, la
corruption, éléments ordinaires de sa politique. La
Turquie avait à la tête de ses conseils un homme
éclairé, Reschid-Pacha, qui voulait largement initier
l'empire ottoman aux bienfaits de la civilisation européenne. Le czar cherchait depuis longtemps déjà à
faire éloigner Reschid-Pacha du gouvernement ; mais
le sultan l'aimait, la France et l'Angleterre le soute-
naient ; il n'était pas facile de le renverser. En attendant le succès de ses menées contre Reschid-Pacha,
le cabinet russe parvint à faire destituer deux de ses

collègues ; il excita aussi de nouvelles insurrections en Moldavie et en Valachie, pendant que l'Autriche agitait la Servie et la Bosnie.

Les événements dont l'Europe avait été le théâtre pendant ces quatre dernières années avaient causé une profonde émotion dans le Caucase. Les chefs montagnards avaient vu, dans les embarras que ces révolutions devaient causer à la Russie, une chance de recouvrer leur entière indépendance. Ils reprirent donc l'offensive avec une nouvelle ardeur, attaquèrent et enlevèrent plusieurs forts, déterminèrent plusieurs tribus soumises ou restées neutres à prendre aussi les armes, et firent éprouver de nombreuses pertes aux troupes russes. Justement effrayé de cette levée générale de boucliers, le prince de Woronzoff se hâta de concentrer ses forces et de demander des renforts. Mais, partout et toujours, dans ces luttes qui se renouvelaient chaque jour et sur vingt points à la fois, la froide bravoure et l'opiniâtreté des soldats russes durent céder à l'intelligente audace des montagnards, à l'énergique sagacité de leur principal chef Schamyl.

L'année 1852 fut, en apparence, très favorable aux projets de l'empereur Nicolas : tout paraissait marcher selon ses désirs ; les hommes et les choses semblaient obéir à sa volonté et lui préparer ce trône universel, rêve des czars ; ce sceptre du monde, hochet avec lequel on berce leur enfance. Dès le mois de janvier l'homme d'État le plus opposé à la politique russe, lord Palmerston, ennuyé de toutes les perfidies, de toutes les lâchetés politiques qui se com-

mettaient autour de lui, donnait sa démission. En
février, le grand-vizir Reschid-Pacha succombait
enfin sous la haine moscovite. L'Autriche et la Prusse,
autre sujet de joie pour le czar, étaient au plus mal
ensemble.

L'empereur d'Autriche venait enfin, par décret,
de se débarrasser de la constitution démocratique que
lui avait imposée sa nation en 1848 et qui convenait
si peu à la cour de Vienne. Il venait aussi d'abolir les
droits politiques fondamentaux, proclamés en 1849
par l'Assemblée nationale allemande; il travaillait
avec ardeur à reconstituer la monarchie sur de solides bases et à réorganiser la Confédération germanique de manière à y prendre une plus grande somme
d'influence que par le passé, en y faisant entrer tous
les États de l'empire. Le cabinet autrichien voulait,
en outre, constituer à son profit, en dehors du Zollverein de la Prusse, une union douanière à laquelle
quatorze États de la Confédération devaient prendre
part.

Le roi de Prusse, très repentant au fond du cœur
d'avoir refusé la couronne impériale, quoiqu'elle lui
eût été présentée par les rudes mains de la démocratie
allemande, le roi de Prusse cherchait par d'autres
moyens à ressaisir cette omnipotence que lui dispu-
tait l'Autriche. Ce n'était pas, il est vrai, en s'appuyant
sur la nation prussienne, en tirant parti de ses belles
qualités, en la rendant puissante et heureuse. Frédéric-Guillaume IV, qui avait aussi aboli la constitution de 1848, mais avec prudence, maille par maille,

qui se croyait plus fort en gouvernant seul, selon
sa volonté, qu'avec le concours de la volonté nationale, représentée par ses éléments les plus purs, les
plus élevés, par la véritable aristocratie enfin, celle
des meilleurs, Frédéric-Guillaume comptait, pour
dominer l'Allemagne, sur l'appui de son beau-frère
Nicolas, dont il était toujours le fidèle, malgré le différend au sujet du Danemark ; il espérait qu'il le
soutiendrait dans sa lutte contre la politique de l'Autriche.

L'empereur Nicolas n'était nullement dans ces dispositions. Il était trop adroit, il avait trop à cœur le
succès de ses plans personnels de domination, pour
favoriser la Prusse aux dépens de l'Autriche, pour
élever l'une et abaisser l'autre : leur rivalité faisait
une grande partie de sa force ; aussi l'entretenait-il
avec un soin constant, avec une adresse infinie, toujours vive, toujours la main sur le pommeau de
l'épée.

Mais alors, en mai 1852, le czar avait besoin de
l'accord momentané de ses deux amés et féaux de
Vienne et de Berlin, il avait besoin du concours de
toute l'Allemagne pour l'exécution de ses projets contre la France. Il se fit donc bon prince, il prit ce
masque d'aménité, de gracieuse bienveillance qu'il
sait parfaitement adapter, quand il le faut, à son
visage fier et dur. Nicolas vint faire une visite à
François-Joseph ; les fêtes et les revues parurent absorber toutes les pensées des deux empereurs, mais
la présence du comte de Nesselrode indiquait le but

essentiellement politique de l'entrevue ; de Vienne le
czar alla à Berlin. Plusieurs princes de la Confédération germanique vinrent alors à la cour de Frédéric-
Guillaume, et de sérieuses conférences eurent lieu
entre ces souverains sur les affaires de l'Europe, sur
celles de France surtout.

Par une coïncidence dont il n'est pas difficile de
comprendre le but, la session des chambres prussiennes était close le 17 mai, par le comte de Manteuffel,
président du conseil des ministres ; le 20, un conseil
de cabinet décidait qu'elles ne seraient plus convo-
quées et que le mode d'élection serait changé. Le 22,
les sessions des chambres du Hanovre et de la Bavière étaient également closes et leur réunion indé-
finiment prorogée. Enfin, sur toute la surface de
l'Allemagne, les signes des gouvernements représen-
tatifs s'effaçaient partout pour faire place aux em-
blèmes du pouvoir absolu et partout le droit divin
relevait fièrement la tête.

Le roi de Prusse renouvelait alors ses prétentions
sur le canton de Neuchâtel ; la Suisse était très activement travaillée ; on aurait voulu y faire naître
des troubles, afin d'avoir un prétexte d'intervenir ;
l'Autriche était prête ; la famille impériale n'avait pas
oublié qu'une grande partie de la Suisse constituée
en fiefs féodaux lui avait appartenu du VIIe au
XIVe siècle, et que la maison de Habsbourg était ori-
ginaire du château de ce nom, en Argovie. C'était
un puissant aimant pour l'Autriche ; elle voulait profiter de circonstances qui semblaient favorables, une

invasion en France, pour reconquérir en passant le berceau de ses princes.

Les entrevues des monarques de la Sainte-Alliance se renouvelèrent plusieurs fois dans le reste de l'année 1852. En juillet, le czar, le roi de Prusse et plusieurs souverains allemands étaient de nouveau réunis à Berlin ; le roi de la Grèce, Othon, qui avait aussi son mot d'ordre à recevoir, arrivait à Vienne le 30 juillet. Vers le commencement de décembre l'empereur d'Autriche visitait le roi de Prusse et restait plusieurs jours à Berlin. Les événements qui s'accomplissaient alors en France étaient pour beaucoup dans ces réunions des têtes couronnées. La résurrection du pouvoir impérial inquiétait les vieilles monarchies ; elles n'avaient pas perdu le souvenir des brillantes et rapides conquêtes de l'ère napoléonienne ; elles craignaient que la passion de la gloire militaire, si ardente en France pendant vingt-cinq ans, ne se ranimât. Ces mots du discours de Bordeaux : « L'empire, c'est la paix ! » ne les rassuraient qu'à demi ; elles savaient la toute-puissance des souvenirs sur l'esprit d'une nation comme la France, ils pressentaient qu'une étincelle suffirait pour rallumer le feu des batailles : les cendres de quarante ans de paix ne l'avaient pas éteint.

Cette étincelle se préparait à jaillir. Le cabinet de Saint-Pétersbourg ordonnait au divan de repousser la demande du gouvernement français relative au rétablissement des anciens priviléges des catholiques romains aux Lieux-Saints ; le czar menaçait la Porte

de toute sa colère si la moindre concession était faite
à cet égard à la France. C'est sur cet acte de la diplomatie russe que se ferma l'année 1852 ; c'est pendant que le czar donnait ses dernières instructions au
prince Menschikoff sur l'inqualifiable mission qu'il
devait accomplir à Constantinople, que s'ouvrit l'année 1853.

III

Le rétablissement de la dignité impériale en France
avait causé une bien plus vive émotion au delà du
Rhin et des Alpes, qu'au delà des Pyrénées et de la
Manche. Les armements commencés par les trois
grandes puissances du Nord, dans la prévision de ce
grand événement et des conséquences qui pouvaient
en naître, furent continués avec une nouvelle activité. De l'Oural à la mer du Nord, de la mer Caspienne à l'Adriatique, partout où commandait le czar,
partout où dominait son influence, le sol retentit de
bruits militaires ; toute l'activité , toute la puissance
des gouvernements et des peuples furent appliquées
à la création d'instruments de guerre ; partout des
forteresses s'élevèrent ou relevèrent leurs remparts,
partout de nouveaux bataillons s'organisèrent et se
préparèrent aux combats. A la vue de ces immenses
préparatifs, de ces innombrables armées qui se levaient à sa voix, de ces belles flottes de Cronstadt et
de Sévastopol qu'il croyait formidables ; de cette multitude qui accourait de tous les points de l'Asie pour

marcher sous ses étendards, l'autocrate dut se croire enfin le maître du monde.

C'est alors qu'il donna l'ordre au prince Menschikoff de partir pour Constantinople et de faire connaître ses volontés au sultan. L'ambassadeur extraordinaire du czar arriva sur le Bosphore le 28 février 1853. Après avoir étudié les lieux et pris langue autour de lui, il se décida, croyant arriver plus vite au but, à agir par intimidation, et, le 16 mars, il présenta une note au divan où le désir du czar était exprimé en termes impérieux. Dans cette note l'empereur Nicolas semblait croire que les chrétiens de la communion grecque allaient être dépouillés de leurs droits et priviléges aux Lieux-Saints par la demande de la France. Le divan répondit fort poliment au brutal amiral que tous les chrétiens, à quelque culte qu'ils appartinssent, étaient également protégés par la Porte et jouissaient des mêmes droits au saint Sépulcre.

Cette réponse si simple, si vraie, aurait dû suffire à l'envoyé du czar, mais tel n'était pas le but de sa mission. Il voulait irriter le sultan, insulter le divan et amener une rupture. Le 19 avril donc, dans une deuxième note plus impérative encore que la première, Menschikoff demandait que, pour constater cette égalité des deux communions aux Lieux-Saints, les priviléges, droits et immunités des Grecs fustsen garantis par un traité spécial. Le divan déclara au prince Menschikoff que jamais le gouvernement n'avait songé à porter atteinte à ces priviléges, qu'il était résolu de les maintenir scrupuleusement et même de les étendre, mais qu'il ne pouvait, sans porter atteinte à l'indépendance et au principe de souveraineté du sultan, s'engager ainsi par traité envers la Russie.

Pendant ces négociations, où Menschikoff jouait à peu près le rôle du loup de la fable et le sultan celui de l'agneau, le czar ne perdait pas une minute dans ses préparatifs de guerre ; trois corps d'armée marchaient vers le Pruth, la flotte de Sévastopol complétait ses équipages avec des marins venus de la Baltique ; de nombreuses troupes descendaient du nord vers la Russie méridionale et toutes les réserves de l'empire étaient mises sur le pied de guerre.

Il était urgent, en présence de ces menaces et de ces préparatifs, qui pouvaient d'un instant à l'autre se changer en hostilités, que les puissances occidentales, décidées à arrêter la Russie dans cette nouvelle et décisive phase de sa marche envahissante, se décidassent enfin à agir ; des ouvertures furent faites à ce sujet à l'Autriche et à la Prusse, par la France et par l'Angleterre, mais sans résultat. Les deux cabinets de Londres et de Paris durent donc seuls prendre les mesures qu'exigeait l'attitude de la Russie. Au commencement de mars, l'ambassadeur anglais à Constantinople, lord Stratford Redcliffe avait appelé à Malte la flotte du vice-amiral Dundas ; peu après, le 22 mars, sur le rapport de M. de Lacour, ambassadeur de France près de la Porte, la flotte française de la Méditerranée, commandée par le vice-amiral de la Susse, avait fait voile pour les eaux de la Grèce.

Cette première démonstration anglo-française, qui indiquait chez ces deux puissances l'intention d'agir de concert, engagea l'Autriche à sortir enfin du silence qu'elle avait gardé jusqu'alors. Elle entra en scène, mais en costume diplomatique seulement ; elle proposa, en avril, aux cabinets des cinq grandes puissances, de porter la question d'Orient devant une conférence, et d'en chercher la solution pacifique. Était-ce bien vraiment là le but du cabinet de Vienne ? N'avait-il pas aussi un peu l'intention de gagner du temps ou d'en faire gagner à son allié de Saint-Pétersbourg ? La longueur et les minces résultats des conférences de Vienne conduiraient au moins au doute, si l'on ne connaissait l'esprit de l'école de Metternich qui domine encore le conseil aulique.

Mais ne devançons pas les événements. Retournons au contraire de quelques mois en arrière pour mieux faire apprécier la conduite de l'empereur de Russie dans cette grande lutte des nations que lui seul a excitée, et dont tous les malheurs devraient retomber sur lui.

Dans ses projets sur l'empire ottoman, l'empereur Nicolas travaillait depuis longtemps à s'assurer la neutralité ou la coopération des puissances occidentales. Il avait agi près de toutes pour leur faire approuver ses vues sur la Turquie, destinée, selon lui, à mourir bientôt, et pour leur offrir une part de cet empire ou une compensation prise ailleurs. Sûr, il le croyait du moins, de l'affectueuse alliance de la Prusse et de l'Autriche, de la neutralité de la Suède,

du Danemark, de la Confédération germanique, il ne
lui restait plus à gagner que l'Angleterre ou, à son
défaut, la France. L'opposition d'une seule de ces
puissances ne pouvait l'arrêter dans ses desseins. Ses
sentiments le poussant plutôt vers l'Angleterre que
vers la France, il se décida à faire la cour au gouvernement britannique, qu'il espérait d'ailleurs gagner
plus facilement.

Selon les révélations faites au commencement de
1853 par la presse officielle de la Grande-Bretagne,
ce fut en 1844, peu après la visite du czar à la reine
Victoria, que la diplomatie russe essaya de faire entrer le cabinet de Saint-James dans ses desseins contre
la Turquie, en lui offrant une riche part dans le partage. L'Autriche devait coopérer à cette œuvre de spoliation. Il s'agissait, selon le mémorandum de M. de
Nesselrode, publié à cette époque, « de soutenir l'empire ottoman, de le laisser vivre en repos, mais aussi
de l'empêcher, comme il y tend sans cesse (*sic*), de
violer les traités, et de protéger efficacement les populations chrétiennes contre les actes flagrants de vexa-
tion et d'intolérance religieuse qu'il se permet envers
ces populations.

» En suivant ce système avec calme et modération,
les représentants des grands cabinets de l'Europe
auront la meilleure chance de réussir dans leurs dé-
marches sans compromettre le repos de l'empire ottoman..... Cependant, dit le diplomate russe, on ne
saurait se dissimuler combien cet empire renferme
d'éléments de dissolution. Des circonstances impré-

vues peuvent hâter sa chute sans qu'il soit au pouvoir des cabinets amis de la prévenir..... Dans l'incertitude qui plane sur l'avenir, une seule idée fondamentale semble d'une application vraiment pratique : c'est que le danger qui pourra résulter d'une catastrophe en Turquie sera diminué de beaucoup si, le cas échéant, la Russie et l'Angleterre s'entendent sur la marche qu'elles auront à adopter en commun. Cette entente sera d'autant plus salutaire qu'elle rencontrera l'assentiment complet de l'Autriche. Entre elle et la Russie, il subsiste une parfaite conformité de principes relativement aux affaires de Turquie..... Pour rendre leur union plus efficace, il ne resterait à désirer que de voir l'Angleterre s'y associer..... »

L'empereur Nicolas n'a pas perdu un seul instant de vue, depuis 1844, ce projet de triple alliance. « Il est à penser, disait encore le mémorandum, que la France se trouvera dans la nécessité de se conformer à la marche concertée entre Saint-Pétersbourg, Londres et Vienne. » Ce plan de coalition, convenu entre quelques ministres anglais et le czar, resta à l'état latent jusqu'en 1852. Les événements qui agitèrent la plupart des États de l'Europe ne permirent pas à Nicolas de faire naître le cas, l'écroulement de l'empire ottoman, où les trois États auraient à se concerter pour établir sur ses ruines un nouvel ordre de choses. Mais, au commencement de 1853, l'ordre matériel étant complétement rétabli en Europe, et lord Aberdeen, l'un des signataires des traités de 1845, que Nicolas aimait beaucoup, étant devenu

chef du cabinet anglais, le czar jugea le moment
venu de réaliser sa pensée de triple alliance contre
l'empire ottoman, d'en accélérer la chute et le partage.

C'est dans l'intention de faire naître ce cas, que le
czar envoya le prince Menschikoff à Constantinople.
Il prévoyait que ses allures altières, que ses paroles
dures, acerbes, amèneraient la rupture désirée. Mais
il se réservait cependant, en se servant de ce brutal
ambassadeur, si les circonstances l'exigeaient, le
moyen d'arrêter la rupture en désavouant sa conduite
hautaine, en nommant un nouveau plénipotentiaire
plus souple.

Ce fut peu de temps après le départ de Menschikoff pour Constantinople que le czar essaya de gagner
l'Angleterre à sa cause. La presse anglaise nous a
révélé toutes les péripéties de ces scènes d'intérieur
entre l'empereur de Russie et l'ambassadeur d'Angleterre à Saint-Pétersbourg, toutes ces causeries
intimes, ces confidences à mi-voix, cet abandon cal-
culé du czar, désireux de séduire sir G.-H. Seymour.
Ce fut le 9 janvier 1853, au palais de la grande-
duchesse Hélène, dans une réunion de famille où
l'on avait invité sir Seymour, que le czar entama
cette série de conversations, brillantes polylogies où
les spirituels riens de salon, où les cajoleries les plus
flatteuses se mêlaient adroitement aux plus hautes
questions politiques, aux plus fines roueries de la
diplomatie. Certes, l'empereur Nicolas est homme
de beaucoup d'esprit. C'est grand dommage qu'une

ambition démesurée ait gâté les belles qualités qu'il possède.

Les dépêches de sir G. Hamilton Seymour, écrites de Saint-Pétersbourg à lord John Russell, du 11 janvier 1853 au 23 avril, prouvent aussi que le czar sait fort agréablement plaisanter sur des choses très sérieuses ; qu'il ne recule même pas devant le calembour et le lazzi en parlant de ce pauvre empire ottoman, de ce moribond qui n'a plus longtemps à vivre, qu'un coup de pouce achèverait. C'est dans la prévision de ce coup de pouce qu'il se préparait à donner humainement lui-même pour terminer les souffrances du malade, que le czar voulait s'assurer de l'Angleterre comme il était sûr de l'Autriche, il le disait du moins. Il aurait pu, avec ces deux alliés, accomplir tranquillement cette nouvelle œuvre de spoliation, et braver les menaces de la France. La France, malgré le ton de dédain avec lequel le czar en parlait, était une de ses plus grandes préoccupations. C'est par crainte d'une opposition armée de la France qu'il recherchait avec tant d'insistance l'alliance de l'Angleterre ; quant à l'Autriche, disait Nicolas à sir G. H. Seymour : « ce qui convient à la Russie lui convient : nos intérêts à l'égard de la Turquie sont parfaitement identiques. » Pour achever de gagner le cabinet anglais, le czar laissait entrevoir à l'ambassadeur que, dans le cas d'une dissolution de l'empire ottoman, ce qui ne pouvait tarder, selon lui, l'Angleterre aurait l'Égypte et Candie. Quant à lui, il se réservait la plus grande partie des provinces turques du Danube à l'Adriatique, laissant à l'Autriche quelque modeste lambeau dont elle aurait dû se contenter. Il n'était pas question de la Prusse.

Le cabinet anglais, dans ses dépêches de mars et d'avril 1853, repoussa formellement les ouvertures de l'empereur de Russie. Le czar ne se tint pas pour battu ; il revint à la charge, parla de nouveau de la mort prochaine de la Turquie et de la nécessité de se préparer à recueillir et à partager sa succession. Repoussé de nouveau, il se tourna enfin, malgré son antipathie, du côté de la France. Des propositions directes furent adressées au cabinet des Tuileries, qui ne les reçut pas mieux que le cabinet de Saint-James. Ainsi repoussé par les deux plus grandes puissances militaires et maritimes de l'Europe, le czar dut se contenter de l'appui de l'Autriche et de la Prusse, sur lesquelles, du moins, il croyait pouvoir entièrement compter.

Pendant que l'empereur Nicolas déployait vainement à Saint-Pétersbourg toute sa faconde pour gagner le cabinet anglais, pendant qu'en désespoir de cause il s'adressait tout aussi vainement au cabinet français, son envoyé extraordinaire Menschikoff continuait, sans plus de résultats que son maître, ses menaces et ses fanfaronnades à Constantinople. La réponse du divan à sa note du 19 avril étant un second refus de céder aux prétentions de la Russie, Menschikoff, furieux, remit, le 5 mai, au divan une troisième note, sorte d'ultimatum où, insistant sur le traité de garantie des priviléges et immunités de l'Église grecque, il exigeait de plus que ce traité donnât au czar le droit de protectorat direct sur tous les sujets du sultan appartenant à la communion grecque.

Cette demande exorbitante ne pouvait être prise en considération. Admettre le protectorat direct de l'empereur de Russie sur les Grecs de l'empire ottoman, c'est-à-dire sur plus de dix millions de sujets, c'était enlever au sultan les trois quarts de son autorité, c'était le réduire à une honteuse vassalité. Le 10 mai, le divan adressa à l'ambassadeur russe un refus motivé, basé sur la réponse faite à la note du 19 avril ; mais en même temps, pour prouver combien le sultan désirait conserver de bonnes et pacifiques relations avec le czar, il annonça la publication d'un firman qui garantirait aux sujets grecs de la Porte une protection complète, qui assurerait le maintien de leurs anciens priviléges, qui les augmenterait même. Cette large concession, conseillée par les ambassadeurs français et anglais ne satisfit pas le prince Menschikoff; il voulait l'exécution absolue de son ultimatum. Ne pouvant l'obtenir, il regarda sa mission comme terminée, et quitta Constantinople le 18 mai.

La rupture n'était cependant pas complète encore. Le 31 mai, le comte de Nesselrode, déjà informé de la réponse du divan à l'ultimatum de Menschikoff, essaya, par une dernière note, de le faire changer d'avis. Il annonçait à Reschid-Pacha qu'en persistant dans son refus d'accepter l'ultimatum du 5 mai, il allait assumer sur lui la plus grave responsabilité et amener l'occupation des principautés moldo-valaques par une armée russe. Cette note fut remise au divan le 9 juin, par le premier drogman de l'ambassade russe, resté à Constantinople après le départ du prince Menschikoff, avec un délai de huit jours pour répondre.

Le divan avait publié, le 7 juin, le firman du Grand-Seigneur qui garantissait solennellement, et de la manière la plus large, les priviléges des sujets grecs de l'empire ottoman. Ce firman, communiqué officiellement aux ambassadeurs des États européens, aurait dû satisfaire complétement le czar, comme le fit entendre Reschid-Pacha, dans la réponse qu'il adressa, le 15 juin, à la dernière note de M. de Nesselrode. Mais ce firman ne disait rien de ce droit de protectorat direct que voulait surtout Nicolas. La réponse de Reschid-Pacha fut donc considérée comme un refus, et, le 16, tout le personnel de l'ambassade russe quitta Constantinople, emportant jusqu'aux archives. De ce jour, la rupture entre les deux puissances fut complète.

En ce moment même, pour constater une fois de plus les odieuses contradictions de la politique russe entre les paroles et les actes, le comte de Nesselrode affirmait à haute voix, aux membres du corps diplomatique, que l'empereur Nicolas avait les intentions les plus conciliatrices, et il annonçait avec grande joie, disait-il, que le différend de Constantinople était en très bonne voie d'arrangement.

IV

Pendant que ces intrigues diplomatiques se nouaient et se dénouaient, pendant que le czar et ses ministres parlaient avec effusion de leurs intentions pacifiques, des ordres pressés activaient sur tous les points de l'empire les préparatifs de guerre depuis si long-temps commencés, et prescrivaient aux troupes de se mettre en marche. L'empereur appelait en même temps le prince Gortschakoff, major-général de l'armée et gouverneur de Varsovie, à Saint-Pétersbourg, pour lui donner lui-même toutes les instructions nécessaires à la campagne qui allait s'ouvrir, en lui remettant le commandement de l'armée d'invasion.

Dans le même moment, de nombreux courriers étaient expédiés pour prescrire aux ministres russes près les cours d'Autriche, de Prusse et des États allemands le maintien, à tout prix, de la plus étroite alliance avec la Russie. Le czar circonvenait aussi les gouvernements de Suède et de Danemark. Il cherchait à les entraîner dans sa sphère d'action, à s'en faire un rempart au nord-ouest, en les engageant à fermer les détroits de la Baltique aux flottes anglo-françaises qui pourraient le menacer de ce côté; il alla même plus loin, il demanda au Danemark la cession ou la vente de l'île Laaland, ou Lolland, qui commande à la fois les deux Belt et le Sund, afin de s'en faire une forte position militaire.

Le czar cherchait des alliés et des auxiliaires de

tous côtés pour arriver plus sûrement à son but. Son ambassadeur à Téhéran déployait tous les trésors de son imagination pour prouver au shah de Perse que son intérêt exigeait qu'il se joignît à la Russie pour achever d'écraser l'empire ottoman, et il lui traçait un plan de campagne en Arménie et sur l'Euphrate, pendant que l'armée russe achèverait la conquête des provinces transcaucasiennes. Un traité fut même rédigé; il allait être signé, quand les ambassadeurs d'Angleterre et de France en eurent connaissance et usèrent de toute leur influence pour empêcher ce résultat.

Alors aussi des nuées d'agents russes parcouraient toutes les provinces ottomanes, depuis l'Adriatique, la mer Ionienne et l'Archipel jusqu'au Danube, semant à pleines mains, sur les populations grecques, des excitations à une insurrection générale, et prêchant à haute voix la guerre sainte de la croix contre le croissant. A l'époque où nous sommes, le wladika, ou prince-évêque du Monténégro, avait déjà obéi au mot d'ordre du czar et avait pris les armes. Le petit royaume d'Othon se préparait aussi à la lutte. Les principautés moldo-valaques, plus activement travaillées encore que le reste de l'empire ottoman, avaient déjà reçu avis de l'entrée prochaine des troupes russes; les hospodars, selon l'ordre qu'ils en avaient reçu en mai, apprêtaient les cantonnements et les vivres nécessaires à leurs terribles protecteurs.

La France et l'Angleterre n'étaient pas restées oisives devant ces belliqueuses manifestations. Pendant que, diplomatiquement unies à la Prusse et à l'Autriche, elles cherchaient, dans la conférence de Vienne, à ramener l'empereur Nicolas à des sentiments plus pacifiques, elles activaient, chacune de leur côté, les armements militaires et maritimes que prescrivaient les graves circonstances où se trouvait l'Europe et les formidables éventualités que montrait l'avenir. La flotte de Sévastopol pouvait, d'un instant à l'autre, mettre à la voile, transporter en quatre jours un corps de 30,000 hommes dans le Bosphore et s'emparer de Constantinople. Les deux corps de l'armée de Bessarabie, que commandaient les généraux Luders et Danneberg, bientôt soutenus par d'autres forces, pouvaient, sans craindre alors de grands obstacles, franchir le bas Danube, suivre rapidement la marche de Diebitsch en 1829, opérer leur jonction avec le corps venu par mer avant que les Turcs et leurs alliés aient eu le temps de préparer une solide défense. En un tel cas, il fallait aller au plus pressé et couvrir d'abord Constantinople.

Les gouvernements de France et d'Angleterre expédièrent donc en même temps, le 4 juin, à leurs flottes de la Méditerranée, alors à Salamine et à Malte, l'ordre de se rapprocher des Dardanelles, de prendre mouillage dans la baie de Bésika, mais de ne franchir le détroit que lorsque la Russie aurait commencé les hostilités contre l'empire ottoman, par terre ou par mer, et que la Porte, en adressant une demande d'appui aux deux puissances, ait ainsi déclaré qu'elle se considère comme en état de guerre.

Les deux gouvernements voulaient puiser leur droit
d'intervention non dans leur force , non dans leur
intérêt propre, mais dans un traité solennel signé par
les cinq grandes puissances , à la face du monde , le
13 juillet 1841 , traité qui garantissait l'intégrité de
l'empire ottoman et autorisait les autres puissances
contractantes à prendre la défense de la Porte si elle
était attaquée par l'une d'elles ou par tout autre.

Le 10 juin, les vice-amiraux de la Susse et Dundas
recevaient l'ordre du 4 , et faisaient immédiatement
voile pour la baie de Bésika. La flotte française portait 10,000 hommes et 900 bouches à feu, la flotte
anglaise 8,000 hommes et 700 canons. Le 14 , les
deux flottes jetaient l'ancre au lieu prescrit ; le 18, la
station du Levant, venant d'Ourlac , mouillait à côté
d'elles. Cette mesure de précaution coïncidait avec le
départ de Constantinople des derniers agents et des
archives de l'ambassade russe de Constantinople ,
c'est-à-dire avec un acte de rupture officielle, ainsi
qu'avec l'arrivée à Jassy, le 16 juin , d'un courrier
russe apportant l'ordre à l'hospodar moldave de presser la réunion des approvisionnements et des charrois
nécessaires à l'armée russe. Le même courrier partait aussitôt pour Bucharest afin de remettre le même
ordre à l'hospodar de Valachie. En ce moment, le
4e corps de l'armée russe était prêt à franchir le
Pruth, le 5e s'en rapprochait à marches forcées, le
6e corps entrait par le nord en Bessarabie, la 15e division était à Sévastopol pour être embarquée, la
14e division et une nombreuse cavalerie occupaient

les environs d'Odessa ; d'autres troupes enfin descendaient rapidement de la Pologne, de la Volhynie et de la Podolie pour renforcer l'armée d'invasion. Il était donc plus que temps que la France et l'Angleterre, quittant le terrain de la diplomatie, entrassent enfin dans le champ des faits.

La conférence de Vienne travaillait toujours, cependant, avec un grand zèle, en apparence du moins, à chercher la solution pacifique de la question d'Orient. Les cinq plénipotentiaires, russe, autrichien, prussien, anglais et français, échangeaient le plus sérieusement du monde, et avec une exquise politesse, une foule de longues notes d'explications, de considérations, de déclarations, de suppositions, de combinaisons et de résolutions qui ne changèrent en rien les intentions de la Russie. Pendant de longs mois, depuis avril 1853, messieurs de la conférence de Vienne ont beaucoup parlé, beaucoup noirci de papier, dépensé beaucoup d'esprit et d'éloquence, mais, et ils devaient le prévoir, ils n'ont pas eu la plus légère influence sur la volonté de l'empereur Nicolas.

Les diplomates russes se sont évidemment joués des plénipotentiaires, qui n'étaient pas dans la confidence du czar, qui ne savaient pas le secret de la comédie qui se jouait à Vienne. Le czar voulait, pendant que le drame se préparait sur les bords de la mer Noire et dans le Bosphore, endormir, par ses doucereuses protestations d'amour de la paix, par ses réponses toutes imprégnées d'esprit de conciliation,

endormir la défiance des puissances occidentales,
ralentir leurs préparatifs militaires, gagner du temps
enfin, les surprendre par une attaque inattendue, et
arriver à Constantinople le premier.

Les intentions de l'empereur Nicolas étaient si peu
d'accord avec les assurances pacifiques que ses ministres prodiguaient à la conférence de Vienne et aux
cabinets des puissances occidentales, que peu de
jours après la remise de la dernière note de M. de
Nesselrode à Reschid-Pacha, le 9 juin, et avant
d'avoir reçu la réponse du divan, présentée le 15 et
partie de Constantinople le 16, il expédiait de Saint-
Pétersbourg l'ordre à l'armée de Bessarabie de franchir le Pruth et d'occuper les principautés moldo-
valaques : cet ordre arrivait le 19 au quartier-général ;
le 20 l'avant-garde russe traversait le Pruth et marchait sur Jassy.

Le czar essaya cependant, dans un manifeste publié le 26 juin, d'expliquer les flagrantes contradictions de sa conduite : « Notre intention, disait-il,
n'est pas de commencer la guerre. Nous voulons, par
l'occupation des principautés danubiennes, avoir
entre nos mains un gage qui garantisse dans tous les
cas le rétablissement de nos droits..... Nous ne cher-
chons pas de conquêtes, la Russie n'en a pas besoin ;
nous sommes même encore prêts d'arrêter le mouvement de nos troupes si la Porte veut s'obliger à respecter consciencieusement les priviléges de l'Église
orthodoxe. » Ainsi, dans sa déloyale persistance à
trouver la Porte coupable envers ses coreligionnai-

*

res, l'empereur Nicolas ne tenait aucun compte du firman du 7 juin qui assurait ces priviléges, qui les étendait même ; il voulait la guerre.

L'avant-garde russe fut bientôt suivie par d'autres troupes, et dans les premiers jours de juillet, le général en chef, prince Gortschakoff, établissait son quartier-général à Jassy ; puis un peu plus tard, lorsque près de 80,000 hommes eurent franchi la frontière turque, Gortschakoff prit position à Bucharest, ne laissant en Moldavie que 4,000 hommes. Malgré les assurances amicales que le général en chef avait données aux Moldo-Valaques dans ses proclamations, il s'était emparé de toute l'autorité gouvernementale et administrative ; il avait réduit à néant l'action des hospodars. Quant aux officiers et aux soldats russes, ils se conduisaient envers les habitants comme des barbares en pays ennemi ; il n'est sorte d'avanies, de pillages, de violences que ne se soient permis ces soi-disant protecteurs dans ces deux malheureuses provinces. Le prince Gortschakoff alla jusqu'à incorporer les trabans et les milices dans son armée, à les forcer de lui servir d'auxiliaires.

En présence de cet envahissement en pleine paix de deux provinces, faisant partie intégrante de l'empire ottoman ; de cette violation flagrante du traité de 1841, et cela sans motif valable, la France, l'Angleterre et la Turquie, malgré les continuelles assurances que le czar osait donner encore de ses intentions pacifiques, se décidèrent à considérer ces faits comme une déclaration de guerre et à agir en conséquence, tout en laissant cependant à la diplomatie la liberté de continuer ses tentatives d'arrangement. Ainsi, la conférence de Vienne et les cinq grands cabinets ne cessèrent pas leurs négociations, pendant que les trois puissances alliées achevaient leurs préparatifs de guerre contre la Russie.

A la fin d'août, l'armée russe avait pris toutes ses dispositions militaires et était prête à commencer ses opérations. Le général en chef avait choisi pour centre de ses mouvements la partie du Danube située entre Giurgevo et Oltenitza ; l'aile droite s'étendait jusqu'à Craïova et l'aile gauche à Braïlov. Les avant-postes bordaient la rive gauche du Danube. Une flottille de cinquante chaloupes canonnières occupait la bouche nord du Danube. Pour empêcher les navires ennemis de pénétrer dans le fleuve par la bouche de Sulina, la seule navigable avec celle de Kilia, celle que suivent les navires venant du haut Danube, le grand débouché du commerce de l'Allemagne avec la mer Noire, les Russes ne trouvèrent pas d'autre moyen que de couler dans cette passe un grand nombre de bateaux chargés de pierres.

Le gouvernement turc, secondé par plusieurs officiers français et anglais, réparait en toute hâte, les places fortes de la rive droite, Toultcha, Isatcha, Matchin, Hirsova, Rassova, Silistrie, Roustchouk, Sistowa, Nicopoli et Widin, les armait et y mettait des garnisons suffisantes. Pendant ce temps et sous la puissante stimulation de la France et de l'Angleterre, la flotte et l'armée du sultan prenaient une attitude militaire inaccoutumée et recevaient de notables améliorations. Des renforts leur arrivaient de tous les points de l'empire ; le pacha d'Égypte , les beys de Tunis et de Tripoli envoyaient à l'envi des troupes et des navires pour aider à la défense de l'islamisme, menacé par l'insatiable ambition politique et religieuse de l'empereur de Russie.

Cet enthousiasme général des populations de l'empire ottoman, habilement exploité par les hommes éminents qui dirigeaient les affaires, qui commandaient l'armée et la flotte , produisit un immense effet : la défense s'organisa sur tous les points avec une merveilleuse rapidité. A la fin de juillet 1853, le généralissime Omer-Pacha couvrait toute la ligne des Balkans avec 80,000 hommes de troupes régulières et 40,000 irréguliers , occupant fortement tous les défilés , s'établissant de sa personne à Schumla, place forte très importante, qu'on peut considérer de ce côté comme le point stratégique par excellence de l'empire ottoman. L'armée turque avait porté son extrême droite jusque dans la Dobrutcha, le centre avait pour base de ses opérations Roustchouk et Silistrie ; l'aile gauche s'étendait jusqu'à Widin, qu'une forte garnison occupait. Omer-Pacha, de sa position centrale de Schumla , pouvait facilement embrasser toute la ligne et se porter en peu de temps sur les points menacés. L'armée turque d'Asie n'avait pas été oubliée dans cette répartition des renforts ; de puissants secours lui avaient été envoyés; on espérait qu'avec le concours des tribus du Caucase et de leur chef Schamyl elle pourrait lutter avec succès contre les forces russes des provinces transcaucasiennes.

Les autres provinces de l'empire qui n'étaient pas immédiatement exposées aux hostilités des armées russes, mais qui n'étaient pas à l'abri des intrigues et des excitations à la révolte, les autres provinces, la Servie, la Bosnie, l'Herzégovine, le Montenegro et l'Albanie, furent très activement surveillées et des forces suffisantes envoyées aux pachas pour pouvoir réprimer toute tentative d'insurrection. La Grèce elle-même, qu'on savait travaillée par la Russie et prête à prendre les armes, fut attentivement observée par les deux puissances alliées de la Porte.

Pendant que les armées russes et turques prenaient leurs dernières positions sur les rives du Danube et en Asie, attendant des deux côtés, avec une égale impatience, le signal des combats ; pendant que l'Angleterre et la France activaient leurs armements de manière à arriver à temps sur le théâtre de la guerre, les diplomates de la conférence de Vienne cherchaient encore une solution pacifique à la question d'Orient. On était au commencement de septembre, les négociations semblaient prendre une excellente tournure ; le comte de Nesselrode adressait de très aimables notes à Vienne et à tous les cabinets des grandes puissances ; il parlait d'évacuer les Principautés en même temps que les flottes anglo-françaises quitteraient Besika ; enfin, un projet d'arrangement formulé par la conférence avait été adopté en principe par les cinq plénipotentiaires et par la Porte elle-même.

Mais cet arrangement verbal, en se transformant en note par les soins de la conférence, sous le nom de *note de Vienne*, se trouva renfermer des expressions peu convenables pour la dignité du gouvernement ottoman et dont la signification équivoque pouvait être interprétée d'une manière abusive contre la Turquie. Reschid-Pacha demanda donc quelques légères modifications dans le texte de la note de Vienne ; il connaissait trop bien la manière russe d'interpréter les traités pour ne pas songer à prémunir son pays contre ce nouveau danger. Les modifications demandées par Reschid-Pacha furent l'objet d'un sérieux examen et amenèrent de vifs débats dans la conférence. La Prusse regardait ces modifications comme indispensables, la France et l'Angleterre furent nécessairement de cet avis, surtout après les explications données par M. de Nesselrode dans sa deuxième dépêche du 7 septembre à M. de Meyendorff, ambassadeur russe à Vienne. Il ne fut plus alors permis de douter des intentions du czar. Il résultait de l'argumentation de M. de Nesselrode sur la note de Vienne, que le sens de cette note donnait à la Russie le droit de s'ingérer dans les rapports du sultan avec ses sujets chrétiens et de veiller elle-même, selon les traités anciens, disait le chancelier du czar, au maintien des droits et immunités de l'église grecque dans l'empire ottoman.

Ce sens attribué à la note de Vienne par les diplomates russes, et qui n'était certainement pas celui que la conférence avait voulu lui donner, avait été pressenti par Reschid-Pacha et avait motivé sa demande de modification à cette note. Mais le comte de Nesselrode tenait énormément à son interprétation jésuitique et il refusa formellement d'accepter les amendements proposés par le divan.

Ce danger, auquel la perspicacité de Reschid-Pacha avait fait échapper l'empire ottoman, causa une vive fermentation à Constantinople et bientôt dans toutes les provinces ; un cri général de haine et de colère s'éleva contre l'ambitieux despote qui voulait courber le monde sous sa verge de fer, qui voulait à la fois dominer les âmes et les corps ; des troubles sérieux, excités par quelques ulémas fanatiques, éclatèrent même du 16 au 20 septembre dans la capitale. Dans cette grave situation, quand le czar pouvait profiter de ces troubles pour faire entrer sa flotte dans le Bosphore, il parut urgent aux cabinets de Londres et de Paris de faire prendre à leurs flottes position devant Constantinople même. Le vice-amiral Hamelin avait remplacé, depuis un mois environ, M. de la Susse dans le commandement de la flotte française.

En face de ces nouvelles difficultés diplomatiques, soulevées par la fallacieuse interprétation donnée à la note de Vienne par M. de Nesselrode, en présence de cette grave fermentation des esprits, encore augmentée par la marche de l'armée russe vers le Danube, le divan se réunit le 25 septembre et décida, que la note de Vienne, commentée et expliquée par le cabinet de Saint-Pétersbourg, serait rejetée, si l'on n'acceptait pas les modifications indiquées par Reschid-Pacha. Cette énergique résolution fut immédiatement communiquée aux ambassadeurs des quatre puissances. Le lendemain 26, le divan se réunit de nouveau et reconnut que la voie des négociations avec la Russie était épuisée, que le moment était venu pour le sultan d'adresser une déclaration de guerre à l'empereur de Russie, guerre que ce dernier avait commencée de fait.

Pour donner à cette déclaration de guerre plus de solennité, un caractère plus national, le sultan convoqua le grand conseil de l'empire, composé des principaux personnages de l'État ; cent vingt membres, ministres, pachas, conseillers, etc., se réunirent le 27 septembre, et, après une mûre délibération, après l'examen des pièces diplomatiques, décidèrent que la Porte ottomane déclarerait la guerre à la Russie.